1일 1독해

한국사 ❺ 대한 제국~현대

"하루 15분" 똑똑한 공부 습관

1일 1독해

개정1판 1쇄	2026년 3월 25일
초판 1쇄	2022년 6월 20일
펴낸곳	메가스터디(주)
펴낸이	손은진
개발 책임	김문주
개발	양수진, 최란경, 표민지
글	메가스터디 초등교육 연구소, 큰곰자리
그림	김지애, 이지야
디자인	주희연
마케팅	김상민
제작	이성재, 장병미
사진 제공	문화재청, 서울대학교 규장각한국학연구원, 연세대학교, 연합뉴스, 토픽이미지스, Getty Images Bank, Shutterstock.com
주소	서울시 서초구 효령로 304(서초동) 국제전자센터 24층
대표전화	1661-5431
홈페이지	http://www.megastudybooks.com
출판사 신고 번호	제 2015-000159호
출간제안/원고투고	메가스터디북스 홈페이지 <투고 문의>에 등록

일러두기
· 맞춤법과 띄어쓰기는 국립국어원에서 펴낸 《표준국어대사전》을 기준으로 삼되, 초등학교 교과서의 표기를 참고했습니다.
· 외국의 인명과 지명은 국립국어원에서 펴낸 《외래어 표기법》을 따랐습니다.
· 본 저작물은 공공누리 제1유형에 따라 공공 저작물을 이용하였습니다.

메가스터디북스

'메가스터디북스'는 메가스터디㈜의 교육, 학습 전문 출판 브랜드입니다.
초중고 참고서는 물론, 어린이/청소년 교양서, 성인 학습서까지 다양한 도서를 출간하고 있습니다.

KC · 제품명 1일 1독해 한국사 5
· 제조자명 메가스터디㈜ · 제조년월 판권에 별도 표기 · 제조국명 대한민국 · 사용연령 3세 이상
· 주소 및 전화번호 서울시 서초구 효령로 304(서초동) 국제전자센터 24층 / 1661-5431

1일 1독해
한국사

<1일 1독해 한국사>는
하루 15분, 한국사 교과 독해를 통해 교과 학습에 대비하며
독해력과 역사 배경지식을 함께 키울 수 있도록 구성하였습니다.
선사 시대부터 현대까지 이어지는 주요 사건과 인물을 따라가며
우리 역사의 흐름을 한눈에 파악할 수 있습니다.

1권 선사~통일 신라 역사의 시작과 삼국의 발전, 삼국 통일 등을 살펴보며 한국사의 기초를 다집니다.

2권 후삼국~고려 고려의 통치 체제와 대외 관계 등을 통해 민족 문화의 발전 과정을 이해합니다.

3권 조선(상) 조선 건국과 유교 사회의 형성을 중심으로 조선의 정치와 사회 모습을 확인합니다.

4권 조선(하) 조선 후기의 사회·경제 변화와 외세의 침략을 통해 시대 흐름을 파악합니다.

5권 대한 제국~현대 나라를 지키기 위한 노력과 일제 강점기, 대한민국의 발전 과정을 살펴봅니다.

우리 아이 10년 뒤를 바꾸는 독해력!

독해력은 모든 학습의 기초 체력입니다. 초등 시기에 제대로 읽고 이해하는 독해력을 탄탄하게 다져 놓으면, 중학생, 고등학생이 되어 아무리 어려운 지문과 문제를 접하더라도 그 내용을 잘 이해할 수 있고 차근차근 문제를 풀 수 있습니다. 독해력이 뛰어난 아이일수록 여러 교과의 내용을 쉽게 이해할 수 있고, 자신의 생각을 풍부하고 명확하게 표현할 수 있습니다.

왜 1일 1독해 일까?

<1일 1독해> 시리즈는 주제에 맞는 이야기가 짧은 지문으로 제시되어 부담 없이 매일 한 장씩 풀기 좋습니다. 독해는 어릴 때 습관을 잡아 주는 것이 가장 중요합니다. 메가스터디북스의 <1일 1독해> 시리즈로 몸의 근육을 키우듯 아이의 학습 근육을 키워 주세요.

❶ 아이가 재미있어서 스스로 보는 책

왜 아이들은 1일 1독해를
"재미있다"고 할까요?
눈높이에 맞는 흥미로운 주제의
지문들을 읽는 즐거움이
있기 때문입니다.
지문을 읽고 바로바로 문제를 풀어
확인하는 단순한 학습 패턴에서
아이는 공부의 재미를 느끼게 됩니다.

❷ 매일 완독하니까 성공의 경험이 쌓이는 책

하루 15분! 지문 1쪽, 문제 1쪽의
부담 없는 학습량으로 아이는
매일매일 성공적인 학습을
경험합니다.
매일 느끼는 성취감은 꾸준한
학습 습관으로 이어지고,
완독의 경험이 쌓여
아이의 공부 기초 체력이 됩니다.

❸ 독해 학습과 배경지식 확장이 가능한 책

한국사, 세계사, 사회 등
교과 연계 지문으로
교과 학습을 대비할 수 있고,
우리 문화를 담은 글을 포함해
세계 명작, 고전, 인물까지
인문 교양과 관련된
폭넓은 주제의 지문으로
배경지식을 확장시킬 수 있습니다.

메가스터디북스 1일 1독해 시리즈

<1일 1독해> 시리즈는 독해를 이제 막 시작하는 예비 초등을 위한 이야기 시리즈, 초등학교 전학년이 볼 수 있는 교과 연계 중심의 교과학습 시리즈, 배경지식을 확장해 주는 인문교양 시리즈로 구성됩니다.

예비 초~2학년

이야기

호기심을 키우는 다양한 주제의 이야기로, 아이가 관심 있는 주제부터 시작하여 차근차근 독해력을 길러 줍니다.

과학 이야기 ❶ ~ ❻
세계 나라 ❶, ❷
세계 명작
마음 이야기
우리나라 ❶ ~ ❹

`전 14권`

초등 교과학습

(2022 개정 교육과정)

한국사

우리 역사의 주요 사건과 인물을 시대별로 구성하여, 한국사의 흐름을 이해하고 교과 학습에 대비할 수 있습니다.

❶ 선사 ~ 통일 신라
❷ 후삼국 ~ 고려
❸ 조선(상)
❹ 조선(하)
❺ 대한 제국 ~ 현대

`전 5권`

세계사

세계사의 주요 장면들을 독해로 학습하며 우리 아이가 반드시 알아야 할 세계사 지식을 시대별 흐름에 맞춰 익힐 수 있습니다.

❶ 고대
❷ 중세
❸ 근대(상)
❹ 근대(하)
❺ 현대

`전 5권`

초등 사회

사회 문화, 지리, 전통문화, 정치, 경제 등의 사회 교과 독해를 통해 교과 학습에 대비할 수 있습니다.

❶ ~ ❺

`전 5권`

초등 인문교양

세계 고전 50, 우리 고전 50

초등학생이 꼭 읽어 두어야 할 세계 고전 50편과 우리 고전 50편을 하이라이트로 미리 접하며 교양을 쌓을 수 있습니다.

세계 고전 50 ❶, ❷
우리 고전 50
❶ 삼국유사 설화
❷ 교과서 고전문학

`전 4권`

세상을 바꾼 인물 100

교과서에 수록된 인물을 중심으로 초등학생이 꼭 알아야 할 위대한 인물 100명의 이야기를 통해 바른 인성을 기를 수 있습니다.

❶ 문화·예술
❷ 과학·기술
❸ 의료·봉사
❹ 경제·정치

`전 4권`

매일매일 공부 습관을 길러 주는 공부 친구 체키 Checky

지문 1쪽 문제 1쪽으로 매일매일 독해력 강화!

선사부터 삼국, 조선,
대한 제국, 현대까지
시대별로 구성되어
역사의 흐름을 파악할 수
있도록 도와줍니다.

대한 제국

《독립신문》과 독립 협회

갑신정변 이후 미국에서 지내던 서재필*이 조선에 돌아왔어요.

"조선이 다른 나라의 간섭에서 벗어나려면 백성들에게 세상일을 알려야 한다."

서재필은 나라의 지원을 받아 1896년 4월에 우리나라 최초의 순 한글 신문인 《독립신문》을 펴냈어요. 한글로 쓰여 있어서 누구나 읽기 쉬웠지요. 《독립신문》에는 나라 안팎에서 일어난 여러 가지 소식뿐 아니라 못된 관리의 잘못을 비판하는 내용도 실렸어요.

역사 속 인물, 사건, 제도,
문화 등 다양한 글감으로
우리 역사에 대한 호기심을
갖게 하고 지식을 쌓게 합니다.

서재필은 이상재, 윤치호 등과 함께 '독립 협회'도 만들었어요. 독립 협회는 백성들의 참여를 이끌어 내 나라의 정치를 바로잡으려고 했어요.

또한 독립 협회는 청나라 사신을 맞이하던 영은문을 헐고 그 자리에 자주독립을 상징하는 독립문을 세웠어요. 또 신분에 상관없이 누구나 참여할 수 있는 토론 대회인 '만민 공동회'를 열었어요. 장사꾼, 학생, 높은 관리 등 수많은 사람이 모인 만민 공동회에서는 조선의 정치에 간섭하는 러시아와 이권*을 노리는 서양의 여러 나라를 비판했어요.

《독립신문》

지문과 관련된
연표를 제공하여
역사의 흐름 속에서
이야기를 이해할 수
있도록 도와줍니다.

8

1896년 4월	1896년 7월	1898년
《독립신문》을 펴냄.	독립 협회를 세움.	첫 번째 만민 공동회를 개최함.

읽은 것 확인하기

1. 서재필이 나라의 지원을 받아 펴낸 신문의 이름을 쓰세요.

2. 《독립신문》에 대한 설명으로 맞으면 ○, 틀리면 × 하세요.
(1) 《독립신문》은 한자로 쓰여 있어 읽기 어려웠다.　　　　　　　(　　　　)
(2) 《독립신문》은 나라 안팎에서 일어난 소식을 실었다.　　　　(　　　　)

3. 빈칸에 들어갈 말을 〈보기〉에서 찾아 쓰세요.

보기
녹립문
독립 협회

• 서재필은 이상재, 윤치호 등과 함께 [　　　　　] 를

만들고, 자주독립을 상징하는 [　　　　　] 을 세웠어요.

4. 독립 협회에 대한 설명으로 맞는 것을 모두 고르세요.
① 독립 협회는 자주독립을 상징하는 독립문을 세웠어요.
② 독립 협회는 일본과 싸울 것을 주장했어요.
③ 독립 협회는 왕이 무력으로 나라를 다스려야 한다고 주장했어요.
④ 독립 협회는 누구나 참여할 수 있는 토론 대회인 만민 공동회를 열었어요.

◆ 역사 용어

> **서재필** 김옥균, 박영효 등과 함께 갑신정변을 일으켰으나 실패하고 미국으로 갔다가 다시 돌아와
> 《독립신문》을 펴내고, 독립 협회를 만듦.
> **이상재** 서재필과 함께 독립 협회를 만들었고, 1927년에 항일 민족 단체인 신간회의 회장이 됨.
> **이권** 이익을 가질 수 있는 권리.

매일 한 편씩
글감을 읽고 문제를 풀며
학습 습관을 기릅니다.

쓰기 중심의 문제를 풀며
**내용을 확실하게
이해했는지 확인합니다.**

역사 속 인물이나 제도 등
역사 용어를 설명하여
**글감에 대한
이해를 높입니다.**

한국사 ⑤ 대한 제국~현대

🏛 대한 제국

☯ 일제 강점기

일제 강점기

현대

《독립신문》과 독립 협회

갑신정변 이후 미국에서 지내던 서재필이 조선에 돌아왔어요.

"조선이 다른 나라의 간섭에서 벗어나려면 백성들에게 세상일을 알려야 한다."

서재필은 나라의 지원을 받아 1896년 4월에 우리나라 최초의 순 한글 신문인 《독립신문》을 펴냈어요. 한글로 쓰여 있어서 누구나 읽기 쉬웠지요. 《독립신문》에는 나라 안팎에서 일어난 여러 가지 소식뿐 아니라 못된 관리의 잘못을 비판하는 내용도 실렸어요.

서재필은 이상재, 윤치호 등과 함께 '독립 협회'도 만들었어요. 독립 협회는 백성들의 참여를 이끌어 내 나라의 정치를 바로잡으려고 했어요.

또한 독립 협회는 청나라 사신을 맞이하던 영은문을 헐고 그 자리에 자주독립을 상징하는 독립문을 세웠어요. 또 신분에 상관없이 누구나 참여할 수 있는 토론 대회인 '만민 공동회'를 열었어요. 장사꾼, 학생, 높은 관리 등 수많은 사람이 모인 만민 공동회에서는 조선의 정치에 간섭하는 러시아와 이권을 노리는 서양의 여러 나라를 비판했어요.

《독립신문》

1896년 4월	1896년 7월	1898년
《독립신문》을 펴냄.	독립 협회를 세움.	첫 번째 만민 공동회를 개최함.

🏛 읽은 것 확인하기

1 서재필이 나라의 지원을 받아 펴낸 신문의 이름을 쓰세요.

2 《독립신문》에 대한 설명으로 맞으면 ○, 틀리면 × 하세요.

(1) 《독립신문》은 한자로 쓰여 있어 읽기 어려웠다.　　　　　(　　　)

(2) 《독립신문》은 나라 안팎에서 일어난 소식을 실었다.　　　(　　　)

3 빈칸에 들어갈 말을 〈보기〉에서 찾아 쓰세요.

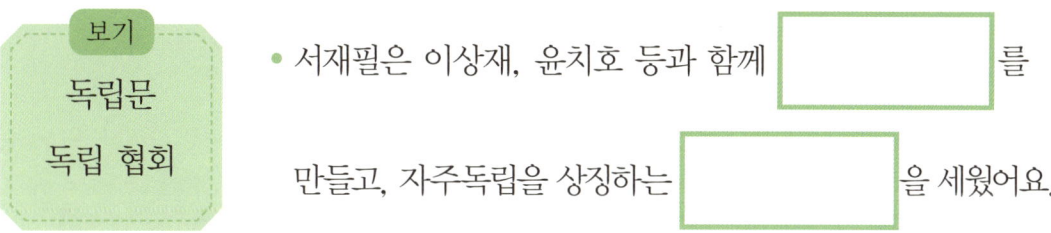

보기

독립문
독립 협회

● 서재필은 이상재, 윤치호 등과 함께 [　　　　　]를

만들고, 자주독립을 상징하는 [　　　　]을 세웠어요.

4 독립 협회에 대한 설명으로 맞는 것을 모두 고르세요.

① 독립 협회는 자주독립을 상징하는 독립문을 세웠어요.

② 독립 협회는 일본과 싸울 것을 주장했어요.

③ 독립 협회는 왕이 무력으로 나라를 다스려야 한다고 주장했어요.

④ 독립 협회는 누구나 참여할 수 있는 토론 대회인 만민 공동회를 열었어요.

🚩 **역사용어**

서재필 김옥균, 박영효 등과 함께 갑신정변을 일으켰으나 실패하고 미국으로 갔다가 다시 돌아와 《독립신문》을 펴내고, 독립 협회를 만듦.

이상재 서재필과 함께 독립 협회를 만들었고, 1927년에 항일 민족 단체인 신간회의 회장이 됨.

이권 이익을 가질 수 있는 권리.

대한 제국을 세웠어요

"청나라는 황제, 일본은 천황이라고 하는데, 우리도 왕을 황제로 높여 받들어야 합니다."

신하들이 뜻을 모아 고종에게 황제의 자리에 오를 것을 권했어요. 조선이 청나라와 같이 황제의 나라가 되면, 청나라뿐 아니라 다른 나라의 간섭에서도 벗어날 수 있다고 생각했기 때문이에요.

1897년 10월, 고종은 환구단에 올라 하늘에 제사를 지내고 황제가 되었어요.

"이제 나라 이름을 '대한 제국'이라 할 것이다. 대한 제국은 황제가 다스리는 자주독립 국가다!"

고종은 대한 제국이 세워졌음을 세계에 알렸어요.

대한 제국은 새로운 나라의 모습을 갖추기 위해 공장과 회사를 만들고, 학교를 세워 기술자를 길러 냈어요. 또 전기와 교통 시설을 갖추어 나갔지요.

고종 황제

1895년	1896년	1897년 2월	1897년 10월
을미사변	고종이 러시아 공사관으로 몸을 피함.	고종이 러시아 공사관에서 돌아옴.	고종 황제가 대한 제국을 선포함.

읽은 것 확인하기

1 신하들이 고종에게 황제의 자리에 오를 것을 권한 이유로 알맞은 것에 ○ 하세요.

> 다른 나라의 간섭에서
> 벗어나기 위해서

> 다른 나라를
> 따라 하기 위해서

2 글을 읽으면서 알맞은 말에 ○ 하세요.

> 고종이 (환구단 / 신단수)에 올라 하늘에 제사를 지내고
> (세자 / 황제)가 되었어요.

3 고종이 황제가 되었음을 세계에 알리며 무엇이라고 했는지 빈칸에 들어갈 말을
〈보기〉에서 찾아 쓰세요.

보기
자주독립
대한 제국

• [   ] 은 황제가 다스리는

[   ] 국가이다.

4 대한 제국에서 새로운 나라의 모습을 갖추기 위해 한 일이 아닌 것을 고르세요.

① 황제가 직접 청나라에 다녀왔어요.
② 공장과 회사를 만들었어요.
③ 학교를 세워 기술자를 길러 냈어요.
④ 전기와 교통 시설을 갖추어 나갔어요.

🚩 역사 용어

환구단 고려 시대부터 하늘에 제사를 지내던 곳으로, 이곳에서 고종이 황제 즉위식을 함.

새로운 문물로 사회가 달라졌어요

강화도 조약이 체결된 이후, 서양의 문물이 들어오면서 사회의 모습이 달라졌어요.

1887년, 경복궁 건청궁* 앞에 우리나라에서 처음으로 전등불이 켜졌어요. 그리고 1900년에 한성 전기 회사가 전등 사업을 하면서 서울 거리에도 전등불을 밝히게 되었지요.

1896년에는 전화가 덕수궁에 처음 설치되었고, 1902년에는 서울과 제물포* 사이에 전화가 연결되었어요. 당시에는 전화를 걸면 전화 교환원이 전화를 받아 원하는 곳으로 연결해 주었어요.

1899년에는 서울에 전차가 처음 다니기 시작했어요. 전차는 서대문에서 청량리, 종로에서 원효로 사이를 다녔어요. 전차를 타기 위해 지방에서 올라오는 사람도 있었다고 해요.

그리고 서울과 인천을 잇는 경인선을 시작으로 서울과 부산을 잇는 경부선, 서울과 의주를 잇는 경의선 등의 철도가 잇따라 놓였어요.

전차

전화 교환원

1894년	1896년	1897년	1899년
갑오개혁	덕수궁에 전화가 처음 설치됨.	고종 황제가 대한 제국을 선포함.	전차와 경인선이 개통됨.

🏛 읽은 것 확인하기

1 우리나라에서 처음으로 전등불이 켜진 곳은 어디인지 알맞은 것에 ○ 하세요.

덕수궁 석조전　　　　경복궁 건청궁　　　　창덕궁 후원

2 우리나라 최초의 전화가 설치된 곳이 어디인지 빈칸에 알맞은 말을 쓰세요.

전화는 1896년에 ＿＿＿＿＿＿＿ 에 처음 설치되었어요.

3 전차에 대한 설명으로 맞는 것을 모두 고르세요.

① 1899년, 서울에 전차가 처음 다니기 시작했어요.
② 전차를 타기 위해 지방에서 올라오는 사람도 있었어요.
③ 전차로 서울에서 부산까지 갈 수 있었어요.
④ 서대문에서 청량리까지 다니는 전차가 있었어요.

4 우리나리에 놓인 철도 이름을 찾아 줄로 이으세요.

서울에서 인천을 잇는 철도	•		•	경의선
서울에서 부산을 잇는 철도	•		•	경인선
서울에서 의주를 잇는 철도	•		•	경부선

📜 역사 용어

건청궁 1873년에 고종의 명령으로 경복궁 안에 지은 궁궐로, 1909년에 헐림.
한성 전기 회사 1898년에 세워진 한국 최초의 전기 회사로, 1909년에 문을 닫음.
제물포 인천의 옛 이름.

서양식으로 바뀐 생활 모습

　서양 문물이 들어오면서 사람들의 생활 모습이 서양식으로 바뀌기 시작했어요.

　일본과 미국을 다녀온 사람들이 가장 먼저 양복을 입기 시작했어요. 그리고 관리들이 입는 관복이 양복으로 바뀌면서 점차 양복을 입고 중절모*를 쓰는 남성들이 많아졌어요. 고종은 머리를 깎고 양복 입은 모습을 보이며 양복을 입을 것을 권했어요.

　서양식 교육을 받은 여성들의 옷차림도 달라졌어요. 저고리 길이가 길어지고, 치마 길이는 짧아졌어요. 얼굴을 가리던 장옷이나 쓰개치마*를 벗고, 그 대신 양산을 쓰고 다녔지요.

　서양 음식이 들어와 궁에서는 커피와 홍차, 케이크 등을 즐겼어요. 또 개항장* 근처나 서울에는 중국이나 일본 음식을 파는 가게들이 생겨나 자장면, 만두, 우동, 초밥 등을 팔았어요.

　도시에는 벽돌, 시멘트, 유리 등을 사용한 서양식 건축물들도 세워졌어요. 명동 성당, 덕수궁 석조전 등이 이때 세워졌지요.

덕수궁 석조전

1895년	1897년	1898년	1910년
단발령이 내려짐.	고종 황제가 대한 제국을 선포함.	명동 성당이 세워짐.	덕수궁 석조전이 완성됨.

1 글을 읽으면서 알맞은 말에 ○ 하세요.

> 서양 문물이 들어오면서 점차 (양복 / 한복)을 입고
> (베레모 / 중절모)를 쓰는 남성들이 많아졌어요.

2 서양 문물이 들어온 뒤 바뀐 여성들의 옷차림에 맞게 빈칸에 알맞은 말을 쓰세요.

> 여성들은 얼굴을 가리던 　　　　　　이나 쓰개치마를 벗고,
>
> 그 대신 　　　　　　을 쓰고 다녔어요.

3 서양 문물이 들어와 바뀐 모습으로 맞으면 ○, 틀리면 ✕ 하세요.

(1) 궁에서는 커피와 홍차를 즐겨 마셨다. 　　　　　　　(　　)
(2) 궁에서만 자장면, 초밥을 먹을 수 있었다. 　　　　　(　　)
(3) 개항장 근처에 중국이나 일본 음식을 파는 가게가 생겼다. (　　)
(4) 도시에는 벽돌, 시멘트 등을 사용한 서양식 건축물들이 세워졌다. (　　)

4 서양 문물이 들어와 세워진 대표적인 서양식 건축물 두 가지를 쓰세요.

> ＿＿＿＿＿＿＿＿ , ＿＿＿＿＿＿＿＿

역사 용어

중절모 둥근 챙이 달린 신사용 모자로, 꼭대기의 가운데를 눌러 씀.
장옷 조선 시대 여자들이 외출할 때 얼굴을 가리기 위해 머리부터 길게 내려 쓴 옷.
개항장 외국과 무역을 하려고 연 항구.

독도를 멋대로 빼앗은 일본

독도와 울릉도는 삼국 시대 때부터 우리나라 땅이었어요. 조선 시대에는 나라에서 울릉도에 백성을 보내 살게 하면서 독도를 지키도록 했어요. 하지만 일본 어부들이 자주 나타나 마음대로 고기잡이를 했어요. 그러다 1894년에 일어난 청일 전쟁 이후에는 일본 어부들이 독도에 와서 강치*를 마구 잡아갔어요.

그러자 대한 제국은 1900년에 울릉도에 관청을 설치하여 울릉도와 독도를 관리하게 했어요. 독도가 우리나라 땅이라는 것을 확실히 한 것이지요.

하지만 일본은 1904년에 러일 전쟁*을 벌이면서 울릉도에 적의 움직임을 살피는 망루를 세우고, 독도가 주인 없는 섬이라고 주장하며 멋대로 자기네 땅으로 정해 버렸어요. 당시 대한 제국은 힘이 없었기 때문에 일본에 제대로 항의할 수 없었어요.

일본이 국제법*을 어기고 우리나라의 땅인 독도를 강제로 빼앗은 것이지요.

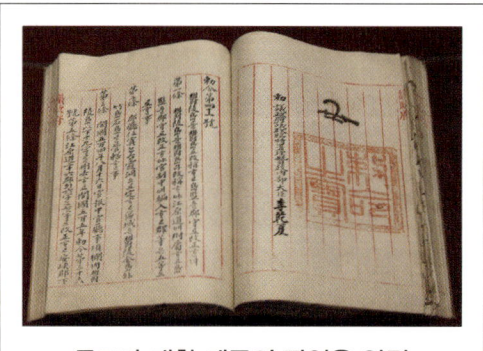

독도가 대한 제국의 땅임을 알린
대한 제국 칙령 제41호

1900년	1904년	1904년	1905년
대한 제국 칙령 제41호를 통해 독도가 우리 땅임을 밝힘.	러일 전쟁	일본이 울릉도에 망루를 설치함.	을사늑약이 체결됨.

🏛 읽은 것 확인하기

1 독도는 언제부터 우리나라 땅이었는지 쓰세요.

> 독도는 [   ] 시대 때부터 우리나라 땅이었어요.

2 대한 제국이 한 일에 맞게 빈칸에 들어갈 말을 〈보기〉에서 찾아 번호를 쓰세요.

> 보기   ① 독도   ② 관청   ③ 울릉도

● 대한 제국은 1900년에 (   )에 (   )을 설치하여 울릉도와 독도를
  관리하게 했어요. (   )가 우리나라 땅이라는 것을 확실히 한 것이에요.

3 일본이 언제부터 독도를 자기네 땅이라고 했는지 알맞은 것에 ○ 하세요.

> 러일 전쟁 중이던
> 1904년 무렵부터

> 청일 전쟁에서 이긴
> 1894년 무렵부터

4 독도를 두고 일본과 대한 제국이 한 일로 맞으면 ○, 틀리면 ✕ 하세요.

　(1) 일본은 러일 전쟁을 하면서 울릉도에 망루를 세웠다. 　　　　　(　　　)
　(2) 일본은 독도가 주인 없는 섬이라며 대한 제국에 주었다. 　　　　(　　　)
　(3) 일본이 독도를 강제로 빼앗았다. 　　　　　　　　　　　　　　(　　　)
　(4) 독도를 빼앗겼지만 대한 제국은 일본에 제대로 항의할 수 없었다. (　　　)

🚩 역사 용어

> **강치** 물갯과에 속하는 동물로, 독도에 살던 강치는 현재 멸종된 것으로 알려짐.
> **러일 전쟁** 대한 제국을 차지하기 위해 1904년에 러시아와 일본이 벌인 전쟁으로, 일본이 승리함.
> **국제법** 나라와 나라 사이의 권리나 의무에 대해 정해 놓은 법.

대한 제국의 외교권을 빼앗은 을사늑약

1905년 11월, 덕수궁 중명전에 이토 히로부미와 대한 제국 대신 8명이 마주 앉았어요.

"지금 대한 제국은 힘이 약해 일본의 보호를 받아야 하오. 대한 제국의 외교권을 일본에 넘기시오."

한규설, 민영기, 이하영 세 명의 대신은 조약에 반대했지만 이완용, 이근택, 이지용, 박제순, 권중현 다섯 명의 대신은 조약에 찬성했어요. 이토 히로부미는 반이 넘는 대신들이 찬성해 조약이 체결되었다고 선언했지요.

이 조약이 바로 '을사늑약'이에요. 이로써 대한 제국은 외교권을 빼앗겨 일본의 동의 없이 어떤 조약도 맺을 수 없게 되었어요.

고종은 황제의 서명이 없는 조약은 무효라고 주장했어요. 그리고 만국 평화 회의가 열리는 네덜란드 헤이그에 특사를 보내 을사늑약이 무효임을 세계에 알리려고 했어요. 하지만 일본의 방해로 실패하고 말았지요.

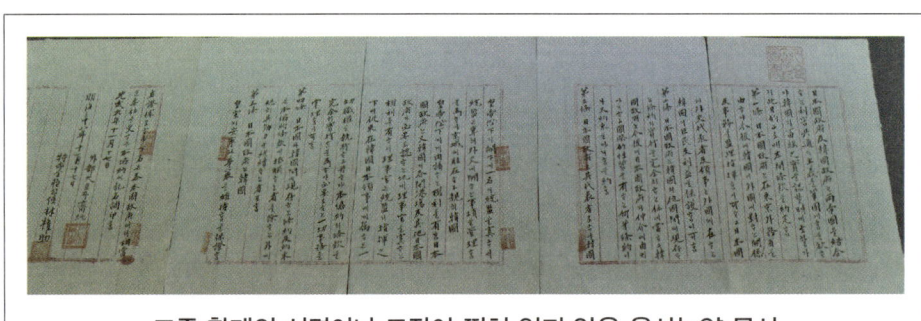
고종 황제의 서명이나 도장이 찍혀 있지 않은 을사늑약 문서

1904년	1905년	1906년	1907년
러일 전쟁	을사늑약이 체결됨.	일본이 통감부를 설치함.	고종이 헤이그 특사를 파견함.

1 일본이 대한 제국의 외교권을 빼앗기 위해 강제로 맺은 조약을 쓰세요.

2 을사늑약에 찬성한 대한 제국의 대신 5명을 모두 찾아 ✕ 하세요.

권중현   민영기   박제순   이근택   이지용   이완용   이하영   한규설

3 글을 읽으면서 알맞은 말에 ○ 하세요.

고종은 황제의 서명이 없는 을사늑약은 (무효 / 유효)라고 주장했어요.

4 을사늑약에 대한 설명으로 맞는 것을 모두 고르세요.

① 일본과 대한 제국이 평등하게 맺은 조약이에요.
② 일본이 우리나라와 강제로 맺은 조약이에요.
③ 을사늑약으로 대한 제국은 만국 평화 회의에 갈 수 있게 되었어요.
④ 을사늑약으로 대한 제국은 일본의 동의 없이는 조약을 맺을 수 없게 되었어요.

역사 용어

중명전 1901년 덕수궁에 황실 도서관으로 지어진 건물. 원래 이름은 수옥헌이었음.
이토 히로부미 을사늑약을 강제로 맺게 하고, 통감부의 제1대 통감을 지냄.
헤이그 특사 을사늑약의 부당함을 알리기 위해 고종 황제의 명령으로 네덜란드 헤이그로 간 이준, 이상설, 이위종을 말함.

들불처럼 번진 항일 의병 운동

　을미사변과 단발령으로 시작된 항일 의병* 운동은 을사늑약 이후 들불처럼 번져 전국에서 일어났어요. 전라도에서는 양반 최익현이, 경상도에서는 평민 신돌석이 의병장이 되어 의병을 이끌었어요. 의병들은 총을 들고 일본군과 싸웠어요.

　의병 운동은 1907년 일본이 고종을 강제로 황제의 자리에서 물러나게 하고, 대한 제국의 군대를 없애 버리자 더욱 거세게 일어났어요. 분노한 대한 제국의 군인들도 무기를 들고 의병 운동에 참여했어요.

　"모두 힘을 모아 한성*에서 일본군을 몰아냅시다!"

　1908년 1월, 전국의 의병들이 한성을 향해 올라왔어요. 하지만 흥인지문 근처에서 일본군의 공격을 받아 실패했어요.

　그 뒤 의병들은 일본의 탄압으로 활동하기 어려웠어요. 그러자 많은 의병이 만주와 연해주* 등으로 옮겨 가 항일 투쟁을 이어 갔어요.

1906년	1907년 7월	1907년 8월	1908년
신돌석이 의병을 일으킴.	고종 황제가 강제로 물러남.	대한 제국의 군대가 해산됨.	의병들이 한성으로 진격함.

🏛 읽은 것 확인하기

1 의병장의 이름을 따라 쓰고, 관계있는 말을 찾아 줄로 이으세요.

최	익	현

•

• 양반

신	돌	석

•

• 평민

2 항일 의병 운동에 영향을 준 사건이 아닌 것을 찾아 ✕ 하세요.

을미사변　　　　단발령　　　　갑신정변　　　　을사늑약

3 1907년에 항일 의병 운동이 더욱 거세진 이유가 무엇인지 빈칸에 쓰세요.

일본이 강제로 ＿＿＿＿＿＿＿＿＿＿을 황제의 자리에서 물러나게 하고,

대한 제국의 ＿＿＿＿＿＿＿＿＿＿를 없애 버렸기 때문이에요.

4 항일 의병 운동에 대한 설명으로 옳지 않은 것을 고르세요.

① 의병장은 모두 평민이었어요.
② 을사늑약 이후에 전국에서 일어났어요.
③ 1908년에 전국의 의병들이 한성으로 올라와 일본군을 공격했지만 실패했어요.
④ 많은 의병이 만주와 연해주 등으로 옮겨 가 항일 투쟁을 이어 갔어요.

🚩 역사 용어

항일 의병 일본의 침입을 물리치기 위해 스스로 참여한 병사로, 총을 들고 전투를 벌임.
한성 오늘날의 서울.
만주 두만강, 압록강을 경계로 우리나라와 접해 있는 중국 북동부 지역.
연해주 두만강 위쪽의 함경도와 접해 있는 러시아 지역.

나랏빚을 갚으려는 국채 보상 운동

을사늑약 이후 일본은 대한 제국이 발전하려면 철도와 도로, 은행, 학교, 병원 등이 필요하다며 일본의 돈을 억지로 빌리게 했어요. 그러다 보니 대한 제국은 일본에 많은 빚을 지게 되었어요.

1907년 2월, 대구에서는 일본에 진 빚을 백성들이 스스로 갚아 나라의 권리를 되찾자는 '국채 보상* 운동'이 일어났어요. 여러 단체와 《대한매일신보*》 등 신문사가 나서며 국채 보상 운동은 전국으로 퍼져 나갔어요.

남자들은 술과 담배를 끊고 그 돈을 모아 냈고, 여자들은 반지, 비녀 같은 귀금속을 팔아 모금에 참여했어요.

그러자 당황한 일본은 국채 보상 운동을 방해하고 탄압하기 시작했어요. 일본의 방해와 탄압으로 점차 모금이 줄어들었고, 결국 국채 보상 운동은 아무것도 이루지 못한 채 끝나고 말았어요.

1904년	1905년	1906년	1907년
《대한매일신보》가 창간됨.	을사늑약이 체결됨.	일본이 통감부를 설치함.	국채 보상 운동이 일어남.

📖 읽은 것 확인하기

1 대한 제국이 일본에 빚을 진 이유로 알맞은 것에 ○ 하세요.

> 대한 제국이 서양과 전쟁을
> 할 돈이 필요했기 때문에

> 일본이 강제로
> 돈을 빌리게 했기 때문에

2 글을 읽고 무슨 운동인지 빈칸에 쓰세요.

> 일본에 진 나랏빚을 백성들이 스스로 갚아 나라의 권리를 되찾자는 운동

　　|　　　　　　　|　　　 운동

3 국채 보상 운동이 어디에서 처음 일어났는지 빈칸에 알맞은 지역을 쓰세요.

> 1907년, 　　　　　　　 에서 처음 국채 보상 운동이 일어났어요.

4 국채 보상 운동에 대한 설명으로 맞으면 ○, 틀리면 ✕ 하세요.

(1) 백성들이 모금한 돈으로 일본에 진 빚을 모두 갚았다. 　　(　　)

(2) 여러 단체와 《대한매일신보》 등이 나서며 전국으로 퍼져 나갔다. 　　(　　)

(3) 남자는 참여하지 않았고, 여자들만 참여했다. 　　(　　)

(4) 일본이 방해하고 탄압해서 결국 실패했다. 　　(　　)

🚩 역사 용어

국채 보상 나랏빚을 갚음.
《대한매일신보》 1904년에 영국인 베델과 양기탁이 함께 창간한 신문으로, 일본을 비판하고 민족 운동을 소개함.

애국 계몽 운동과 신민회

을사늑약 이후 민족의 실력을 길러 나라를 지키려는 '애국 계몽[*] 운동'이 일어났어요. 그러나 일본의 탄압이 점점 심해져 애국 계몽 운동을 하기 어려워졌어요.

그러자 애국 계몽 운동가 안창호, 양기탁, 윤치호 등은 일본의 감시를 피해 비밀 단체인 '신민회'를 만들었어요.

'교육으로 백성의 지식을 깨치고, 산업이 발달해 잘사는 나라가 되면 빼앗긴 나라의 권리를 되찾을 수 있을 것이다.'

신민회는 교육을 가장 중요하게 생각해 안창호는 평양에 '대성 학교'를, 이승훈은 정주에 '오산 학교'를 세웠어요.

또 신민회는 태극서관과[*] 같은 민족 기업을 세워 발전시키는 한편 독립운동에 필요한 돈을 모았어요.

신민회는 일본과 무기를 들고 싸우는 독립 투쟁도 필요하다고 생각했어요. 이를 위해 만주에 독립운동 기지를 세우고 '신흥 무관 학교'에[*]서 독립군을 길러 냈어요.

이런 신민회 활동은 독립운동에 중요한 밑거름이 되었어요.

독립운동가 안창호

1905년	1907년	1907년	1908년
을사늑약이 체결됨.	신민회를 만듦.	이승훈이 오산 학교를 세움.	안창호가 대성 학교를 세움.

 **읽은 것 확인하기**

1 안창호, 양기탁 등이 일본의 감시를 피해 만든 비밀 단체의 이름을 쓰세요.

2 빈칸에 들어갈 말을 〈보기〉에서 찾아 쓰세요.

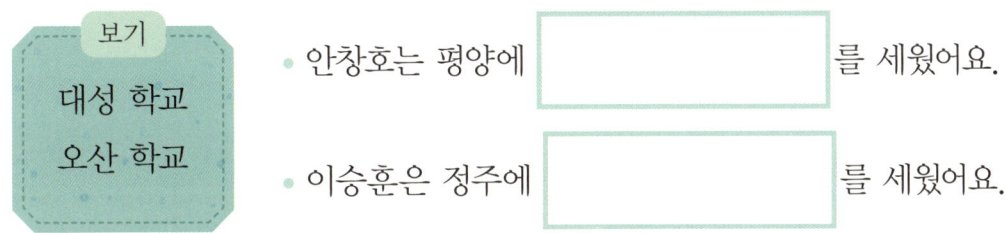

보기

대성 학교
오산 학교

● 안창호는 평양에 [   ]를 세웠어요.

● 이승훈은 정주에 [   ]를 세웠어요.

3 글을 읽으면서 알맞은 말에 ○ 하세요.

> 신민회는 무기를 들고 싸우는 독립 투쟁이 필요하다고 생각하여
> (만주 / 평양)에 독립운동 기지를 세우고 (연합군 / 독립군)을 길러 냈어요.

4 신민회가 한 일을 모두 고르세요.

① 대성 학교와 오산 학교를 세웠어요.
② 《독립신문》을 펴내 자주독립의 의지를 보여 주었어요.
③ 태극서관과 같은 민족 기업을 세워 발전시켰어요.
④ 신흥 무관 학교에서 독립군을 길러 냈어요.

🖋️ 역사 용어

> **계몽** 사람들을 가르쳐서 깨우쳐 주는 것.
> **태극서관** 1905년에 이승훈, 안태국 등이 세운 서점으로, 신민회 회원들의 집회 장소로도 사용됨.
> **신흥 무관 학교** 1911년에 이회영이 중심이 되어 만주에 세운 학교로, 독립군을 길러 냄.

하얼빈에 울린 안중근의 총소리

1909년 10월 26일, 이토 히로부미를 태운 열차가 하얼빈 역에 들어섰어요. 잠시 뒤 이토 히로부미가 열차에서 내려 자신을 환영해 주는 사람들 앞으로 천천히 걸어왔어요.

"탕, 탕, 탕!"

총소리가 하얼빈 역에 울려 퍼졌어요. 총에 맞은 이토 히로부미는 그 자리에 쓰러져 숨을 거두었어요. 그러자 안중근이 소리 높여 외쳤어요.

"코레아 우라(대한 독립 만세)! 코레아 우라(대한 독립 만세)!"

안중근은 을사늑약을 강제로 맺도록 하는 등 우리나라를 침략하는 데 앞장선 이토 히로부미를 총으로 쏘아 처단했어요.

안중근은 그 자리에서 체포되었고, 재판에서 사형을 선고받았어요.

"나는 천국에 가서도 마땅히 우리나라의 독립을 위해 온 힘을 다할 것이다."

이 말을 남긴 안중근은 이듬해 3월 26일 뤼순 감옥에서 목숨을 잃었어요.

안중근은 전 세계에 우리 민족의 독립 의지를 알렸어요.

독립운동가 안중근

1905년
을사늑약이
체결됨.

1907년
국채 보상 운동이
일어남.

1909년
안중근이
이토 히로부미를
총으로 쏨.

1910년
안중근이 세상을
떠남.

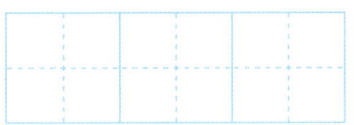 읽은 것 확인하기

1 하얼빈 역에서 이토 히로부미를 총으로 쏜 독립운동가의 이름을 쓰세요.

2 총을 쏜 뒤 안중근이 외친 말이 무엇인지 쓰세요.

3 안중근이 이토 히로부미를 처단한 이유로 알맞은 것에 ○ 하세요.

이토 히로부미가 먼저 안중근을
죽이려 했기 때문에

이토 히로부미가 우리나라를
침략하는 데 앞장섰기 때문에

4 안중근은 이토 히로부미를 처단하여 전 세계에 무엇을 알리고자 했는지 빈칸에 쓰세요.

안중근은 전 세계에 우리 민족의 ＿＿＿＿＿＿＿＿＿를 알렸어요.

📜 역사 용어

뤼순 감옥 중국에 있는 감옥으로, 안중근, 신채호 등 많은 독립운동가들이 이곳에 갇혀 있었음.

일제 강점기가 시작되었어요

을사늑약으로 대한 제국의 외교권을 빼앗은 일제[*]는 대한 제국을 식민지[*]로 만들기 위한 일들을 하나씩 해 나갔어요.

1906년에는 조선 통감부[*]를 세우고, 중요한 일을 결정할 때는 미리 조선 통감부의 허락을 받도록 했어요. 1907년에는 고종을 강제로 황제의 자리에서 물러나게 하고 순종을 황제의 자리에 앉혔어요. 그리고 대한 제국의 군대를 강제로 없애 버렸어요.

결국 1910년 8월 22일, 대한 제국의 총리대신 이완용이 이름만 황제였던 순종을 대신해 한일 병합 조약에 도장을 찍었어요. 대한 제국의 주권과 영토, 국민 전체를 일본에 넘긴다는 내용이었어요. 그리고 일주일 뒤인 1910년 8월 29일, 일제는 한일 병합 조약을 발표했어요. 대한 제국이 일제의 식민지가 된 것이지요. 이 소식에 전국 곳곳에서 많은 사람들이 통곡했어요.

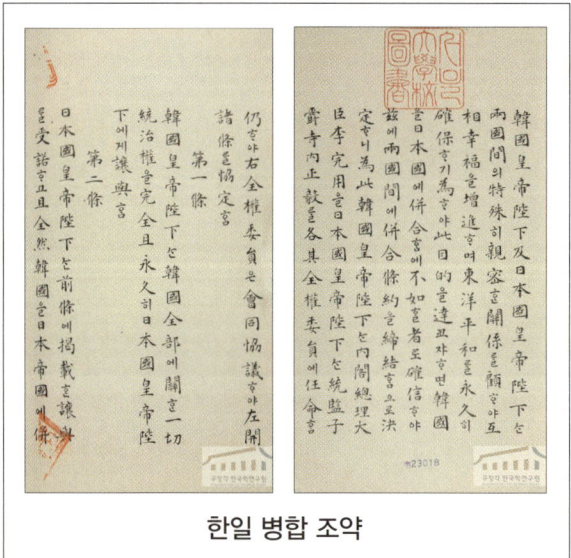

한일 병합 조약

1905년	1907년 7월	1907년 8월	1910년
을사늑약이 체결됨.	고종 황제가 강제로 물러남.	대한 제국의 군대가 해산됨.	일본에 대한 제국의 주권을 빼앗김.

1 1906년에 일제가 설치한 기구가 무엇인지 빈칸에 쓰세요.

> 일제는 _____ 를 설치하고, 중요한 일을 결정할 때
>
> 미리 허락을 받도록 했어요.

2 일본이 대한 제국을 식민지로 만들기 위해 한 일을 모두 고르세요.

① 고종을 강제로 황제의 자리에서 물러나게 했어요.
② 조선 통감부를 세웠어요.
③ 의병들의 활동을 지원했어요.
④ 대한 제국의 군대를 강제로 없애 버렸어요.

3 한일 병합 조약에 도장을 찍은 대한 제국의 총리대신 이름을 쓰세요.

4 빈칸에 들어갈 말을 〈보기〉에서 찾아 번호를 쓰세요.

> 보기   ① 식민지   ② 한일 병합

- 1910년 8월 29일, 일제는 (   ) 조약을 발표했어요.
- 이 조약으로 대한 제국은 일제의 (   )가 되었어요.

🖌 **역사 용어**

일제 일본 제국주의 또는 일본 제국을 줄인 말로, 다른 나라를 침략한 일본을 가리키는 말.
식민지 정치적, 경제적으로 다른 나라에 속하게 되어 국가의 주권이 없는 나라.
조선 통감부 일제가 식민 지배를 위해 세운 기구로, 후에 조선 총독부로 바뀜.

일제의 무단 통치

1910년 강제로 대한 제국의 주권을 빼앗은 일제는 '조선 총독부'를 세워 우리나라를 다스렸어요. 조선 총독부의 중요한 자리는 대부분 일본인이 차지했고, 친일파들은 일본을 돕는 데 앞장섰어요.

조선 총독부는 헌병 경찰제를 실시하여 우리 민족을 총칼로 위협하고, 철저히 감시했어요. 시골 마을까지 총칼을 찬 헌병과 순사들이 돌아다녔어요.

헌병 경찰은 수많은 의병과 독립운동가를 붙잡아 고문했어요. 또 작은 문제도 트집을 잡아 우리 민족을 마구 때리고 가두었어요.

학교에서는 교사들이 제복을 입고 칼을 찬 모습으로 학생들에게 일본어와 일본의 역사를 가르쳤어요.

일제의 무단 통치로 많은 백성과 독립운동가들이 고통을 받았어요.

조선 총독부

1910년	1910년	1910년~1918년
한일 병합 조약이 체결됨.	조선 총독부가 설치됨.	토지 조사 사업이 실시됨.

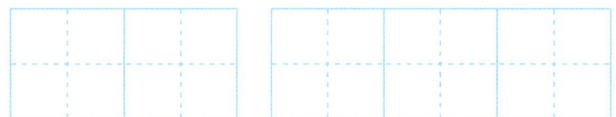
1 1910년에 일제가 우리나라를 다스리기 위해 설치한 기구의 이름을 쓰세요.

2 조선 총독부는 무슨 제도를 실시하여 사람들을 감시했는지 빈칸에 쓰세요.

조선 총독부는 　　　　　　　　를 실시해 사람들을 철저히 감시했어요.

3 글을 읽으면서 알맞은 말에 ○ 하세요.

학교에서는 교사들이 (제복 / 한복)을 입고 칼을 찬 모습으로
학생들에게 (중국어 / 일본어)를 가르쳤어요.

4 일제의 헌병 경찰에 대한 설명으로 맞는 것을 모두 고르세요.

① 헌병 경찰이 사람들을 철저히 감시했어요.
② 헌병 경찰이 수많은 의병과 독립운동가를 붙잡아 고문했어요.
③ 헌병 경찰은 총과 칼을 차고 다닐 수 없었어요.
④ 시골에는 헌병 경찰을 보내지 않았어요.

📍 역사 용어

친일파 일제와 손을 잡고 그들의 침략을 앞장서서 도와 이익을 챙긴 무리.
헌병 경찰제 군대 안의 경찰인 헌병에게 일반 경찰의 업무까지 맡긴 제도.
순사 일제 강점기 때 있었던 낮은 계급의 경찰관.
무단 통치 일제가 헌병을 동원해 무력으로 우리나라를 다스린 시기의 정치.

살기 어려워진 농민들

일제는 1910년부터 1918년까지 '토지 조사 사업'을 실시했어요. 토지 조사 사업은 땅 주인이 누구인지 조사하여 문서로 만드는 일이었어요. 이때 일제는 신고하지 않은 땅이나 주인이 확실하지 않은 땅은 모두 조선 총독부의 것으로 만들었어요. 조선 총독부는 이런 땅을 동양 척식 주식회사*에 싼값에 넘겼고, 동양 척식 주식회사는 다시 일본인에게 싼값에 팔아 버렸어요.

하루아침에 농사지을 땅을 잃어버린 농민들은 지주나 일본인에게 높은 소작료*를 주고 농사를 짓거나 만주나 연해주로 떠날 수밖에 없었어요.

또, 일제는 1920년부터 '산미 증식 계획'을 실시했어요. 산미 증식 계획은 우리나라에서 일본으로 쌀을 가져가기 위해 쌀의 생산량을 늘리는 것이었어요. 하지만 늘어난 쌀의 생산량보다 더 많은 양의 쌀을 일본으로 가져가 우리나라는 쌀이 부족해졌어요. 또 농민들은 늘어난 농사 비용 때문에 생활이 더 어려워졌지요.

일본으로 가져가는 쌀

1918년	1919년	1920년
토지 조사 사업이 완료됨.	3·1 운동	산미 증식 계획을 실시함.

1 일제가 1910년부터 1918년까지 실시한 사업으로, 땅의 주인이 누구인지 조사하여 문서로 만드는 일이 무엇인지 쓰세요.

사업

2 일제의 토지 조사 사업에 대한 설명으로 맞는 것을 모두 고르세요.

① 신고하지 않은 땅은 모두 조선 총독부의 것으로 만들었어요.
② 농민들의 생활이 이전보다 나아졌어요.
③ 조선 총독부의 것으로 만든 땅을 한국인에게 싼값으로 팔았어요.
④ 농민들은 지주나 일본인에게 높은 소작료를 주고 농사를 지어야 했어요.

3 일제가 우리나라에서 쌀의 생산량을 늘리기 위해 실시한 정책이 무엇인지 쓰세요.

계획

4 산미 증식 계획에 대한 설명으로 맞으면 ○, 틀리면 ✕ 하세요.

(1) 쌀 생산량이 늘어나 백성들은 쌀밥을 배불리 먹게 되었다.   (   )
(2) 늘어난 쌀의 생산량보다 더 많은 양의 쌀을 일본으로 가져갔다.   (   )
(3) 농민들은 늘어난 농사 비용 때문에 생활이 어려워졌다.   (   )
(4) 농민들은 일본으로 쌀을 수출해 돈을 많이 벌었다.   (   )

🚩 역사 용어

동양 척식 주식회사 일제가 우리나라의 토지와 자원을 빼앗고, 경제를 장악하기 위해 세운 회사.
소작료 다른 사람의 땅을 빌려 농사를 지은 대가로 지주에게 내는 사용료.

대한 독립 만세를 외친 3·1 운동

1919년 1월 21일, 고종 황제가 세상을 떠났어요. 온 나라가 슬픔과 일본에 대한 분노로 가득 찼어요.

그러고 나서 얼마 뒤인 1919년 2월 8일, 일본에서 유학 중이던 우리나라 학생들이 독립 선언서를 발표하여 우리 민족의 독립 의지를 널리 알렸어요.

나라 안에서는 종교 단체 지도자와 학생들이 만세 운동을 준비하고 있었어요. 비밀리에 만든 독립 선언서가 전국 곳곳으로 전달되었어요.

마침내 1919년 3월 1일, 민족 대표들은 태화관※에 모여 독립 선언서를 낭독하고 만세를 불렀어요. 같은 시각, 탑골 공원※에서는 학생 대표가 독립 선언서를 낭독했어요. 낭독이 끝나자 모여 있던 수천 명의 사람들이 태극기를 흔들며 만세를 외쳤어요.

"대한 독립 만세! 대한 독립 만세!"

만세 소리는 전국으로 퍼져 나갔고, 거의 100일 동안 계속되었어요. 만세 운동이 계속되자 일제는 경찰과 군인을 보내 총을 마구 쏘며 사람들을 죽이고 잡아 가두었어요.

1919년 1월	1919년 2월	1919년 3월
고종이 세상을 떠남.	2·8 독립 선언	3·1 운동

읽은 것 확인하기

1 글을 읽으면서 알맞은 말에 ○ 하세요.

> 일본에서 유학 중이던 우리나라 학생들이 (독립 선언서 / 식민 선언서)를
> 발표하여 우리 민족의 독립 의지를 널리 알렸어요.

2 각각 어디인지 〈보기〉에서 찾아 번호를 쓰세요.

> **보기**   ① 탑골 공원   ② 태화관

- 민족 대표들은 (   )에 모여 독립 선언서를 낭독하고 만세를 불렀어요.
- 학생 대표가 (   )에서 독립 선언서를 낭독하고 수천 명의 사람들이
  만세를 외쳤어요.

3 3·1 운동 때 학생과 시민들이 태극기를 흔들며 무엇이라 외쳤는지 쓰세요.

4 3·1 운동에 대한 설명으로 맞으면 ○, 틀리면 × 하세요.

(1) 태화관에서 민족 대표가 독립 선언서를 낭독하고 만세를 불렀다.   (   )
(2) 학생들만 태극기를 흔들며 만세를 외쳤다.   (   )
(3) 3월 1일 하루만 하고 끝난 만세 운동이었다.   (   )
(4) 일제는 경찰과 군인을 보내 총을 쏘며 사람들을 죽이고 가두었다.   (   )

역사 용어

> **태화관** 서울 종로구 인사동에 있었던 음식점.
> **독립 선언서** 3·1 운동 때 우리나라의 독립을 세계에 알린 선언서로, 민족 대표 33인이 서명함.
> **탑골 공원** 서울 종로구에 있는 우리나라 최초의 공원.

만세 운동을 이끈 유관순

3·1 운동이 일어나자 이화 학당[*]에 다니던 유관순은 다른 학생들과 함께 만세 운동에 적극 참여했어요.

그러던 중 만세 운동으로 학교가 문을 닫자 유관순은 고향인 천안으로 내려가 경성[*]에서 만세 운동이 벌어지고 있음을 알렸어요. 그리고 아우내 장터[*]에서 만세 운동을 벌일 것을 계획했어요.

4월 1일, 유관순은 장터에 모인 사람들에게 태극기를 나누어 주고 외쳤어요.

"여러분, 나라를 되찾아 독립을 이룹시다. 대한 독립 만세!"

유관순이 외치자 장터에 모인 사람들이 태극기를 흔들며 따라 외쳤어요. 일제의 헌병 경찰은 사람들에게 마구 총을 쏘아 댔어요. 유관순의 부모를 비롯한 많은 사람이 만세 운동을 하다 목숨을 잃었어요. 유관순은 일제에 붙잡혀 서대문 형무소[*]에 갇혔어요. 하지만 감옥에서도 만세 운동을 하다가 모진 고문을 받았어요. 그러다 19세의 나이로 세상을 떠났어요.

독립운동가 유관순

1919년 3월	1919년 4월	1920년
3·1 운동	유관순이 아우내 장터에서 만세 운동을 주도함.	유관순이 세상을 떠남.

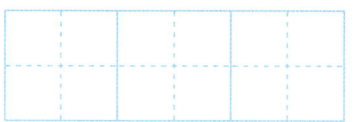
1 1919년 4월 1일, 아우내 장터에서 만세 운동을 이끈 사람을 쓰세요.

2 유관순이 고향인 천안에 내려가 한 일에 맞게 〈보기〉에서 찾아 번호를 쓰세요.

보기 ① 경성   ② 아우내 장터   ③ 만주

- 유관순은 (   )에서 만세 운동이 일어난 것을 고향 사람들에게 알렸어요.
- 유관순은 (   )에서 만세 운동을 벌일 것을 계획했어요.

3 아우내 장터에서 일어난 만세 운동에 대한 설명으로 맞는 것을 모두 고르세요.

① 유관순이 만세 운동을 계획하고 일으켰어요.
② 유관순의 부모를 비롯한 많은 사람이 일제의 총을 맞고 죽었어요.
③ 일제의 헌병 경찰은 나타나지 않았어요.
④ 유관순은 붙잡혀 서대문 형무소에 갇혔어요.

4 글을 읽으면서 알맞은 말에 ○ 하세요.

유관순은 (서대문 형무소 / 조선 총독부)에 갇혀 모진 고문을 받다가 19세의 나이로 세상을 떠났어요.

🚩 역사 용어

이화 학당 1886년에 미국인 선교사 스크랜턴 부인이 세운 여학교.
경성 일제 강점기 때 오늘날의 서울을 부르는 이름.
아우내 장터 충청남도 천안에 있는 장터.
서대문 형무소 일제 강점기 때 지어진 감옥으로, 수많은 독립운동가가 고문을 받다 목숨을 잃은 곳.

상하이에 세워진 대한민국 임시 정부

3·1 운동이 일어난 뒤 민족 지도자들은 독립운동을 이끌어 갈 임시 정부*가 필요하다고 생각했어요.

1919년, 민족 지도자들은 중국 상하이에 '대한민국 임시 정부'를 세웠어요. 상하이는 일제의 힘이 덜 미쳤고, 세계 여러 나라 사람들이 살고 있어 외교 활동을 하기에 좋았어요.

"일제를 몰아내면 국민이 대표를 뽑고, 그 대표가 국민의 뜻에 따라 정치하는 민주주의 국가를 만듭시다."

대한민국 임시 정부는 민주주의에 맞는 헌법을 만들었어요. 그리고 임시 정부의 명령을 독립운동가에게 전달하고, 독립운동에 대한 정보를 주고받았어요. 독립운동에 필요한 돈도 모으고, 《독립신문》을 펴내 독립운동 소식을 알렸어요. 또한 외교 활동에도 힘을 쏟아 우리 민족의 독립 의지를 세계에 알렸어요.

그러나 일본의 감시가 점차 심해져 대한민국 임시 정부는 상하이에서 충칭까지 여러 번 장소를 옮겨야 했어요. 하지만 대한민국 임시 정부의 독립을 위한 노력은 계속되었어요.

상하이에 있던 대한민국 임시 정부 건물

1919년 3월	1919년 4월
3·1 운동	대한민국 임시 정부가 세워짐.

읽은 것 확인하기

1 1919년에 민족 지도자들이 독립운동을 위해 상하이에 세운 것이 무엇인지 쓰세요.

2 대한민국 임시 정부를 세우는 데 가장 큰 영향을 준 사건에 ○ 하세요.

갑오개혁　　　　　　3·1 운동　　　　　　을미사변

3 글을 읽으면서 알맞은 말에 ○ 하세요.

대한민국 임시 정부는 (일본 / 국민)이 대표를 뽑고, 그 대표가 국민의 뜻에 따라 정치하는 (민주주의 / 평화주의) 국가를 만들고자 했어요.

4 대한민국 임시 정부가 한 일을 모두 고르세요.

① 황제가 다스리는 국가에 맞는 헌법을 만들었어요.
② 외교 활동에 힘을 쏟아 독립 의지를 세계에 알렸어요.
③ 독립운동에 필요한 돈을 모았어요.
④ 《독립신문》을 펴내 독립운동 소식을 알렸어요.

🚩 역사 용어

임시 정부 국제 사회에서 정식으로 인정받지 못해 임시로 세운 정부.

독립군 부대의 활약

3·1 운동 이후, 많은 사람이 독립운동을 하기 위해 국경*을 넘어 만주와 연해주로 갔어요. 이들은 그곳에서 독립군 부대를 만들고 일본 경찰서와 일본군을 공격했어요.

1920년 6월 7일, 일본군이 만주 봉오동에 있는 독립군을 공격했어요. 홍범도 장군이 이끄는 독립군 부대는 골짜기에 미리 숨어 있다가 일본군을 습격하여 크게 무찔렀어요. 이 전투가 '봉오동 전투'로, 독립군이 처음으로 일본군을 크게 이긴 전투예요.

1920년 10월 21일, 김좌진 장군이 이끄는 독립군 부대는 백두산 근처의 백운평 계곡에서 일본군을 기다렸어요. 수많은 일본군이 독립군을 공격하러 오고 있었지요. 일본군이 숲에 들어서자 독립군이 일제히 공격해 일본군을 크게 무찔렀어요. 그 뒤에 청산리 일대에서 계속 이어진 전투에서도 독립군은 큰 승리를 거두었어요. 이 전투들을 '청산리 대첩*'이라고 해요.

독립군의 승리는 우리 민족에게 독립에 대한 희망과 용기를 심어 주었어요.

김좌진 장군

1919년	1920년 6월	1920년 10월
대한민국 임시 정부가 세워짐.	봉오동 전투	청산리 대첩

1 글을 읽으면서 알맞은 말에 ○ 하세요.

> 3·1 운동 이후 독립운동을 하려고 (만주 / 상해)로 간 사람들이
> (별기군 / 독립군) 부대를 만들어 일본 경찰서와 일본군을 공격했어요.

2 만주에서 독립군이 처음으로 일본군을 크게 이긴 전투의 이름을 쓰세요.

전투

3 김좌진 장군이 이끈 전투의 이름을 빈칸에 쓰세요.

> 청산리 일대에서 계속 이어진 전투에서 독립군은 큰 승리를 거두었는데,
> 이 전투들을 _____ 대첩이라고 해요.

4 독립군 부대에 대한 설명으로 맞으면 ○, 틀리면 ✕ 하세요.

(1) 만주와 연해주로 간 사람들이 독립군 부대를 만들었다.   (   )
(2) 홍범도 장군이 이끈 독립군 부대는 봉오동에서 일본군에게 졌다.   (   )
(3) 김좌진 장군은 청산리 대첩을 승리로 이끌었다.   (   )
(4) 독립군의 승리는 우리 민족에게 희망과 용기를 심어 주었다.   (   )

역사 용어

국경 나라와 나라를 구분하는 경계.
청산리 대첩 북간도 지역 청산리 일대에서 벌어진 크고 작은 전투를 합쳐서 부르는 이름.

행동으로 보여 준 한인 애국단

　대한민국 임시 정부를 이끌던 김구는 '한인 애국단'을 만들었어요. 한인 애국단은 지위가 높은 일본 관리를 암살*하는 일을 했어요. 독립운동의 뜻을 품은 많은 젊은이들이 한인 애국단이 되어 활동했어요. 이봉창과 윤봉길도 그중 한 명이었어요.

　1932년 1월 8일, 이봉창은 일본의 도쿄에서 일본 왕이 탄 마차를 향해 폭탄을 던졌지만 안타깝게 실패했어요. 이봉창은 그 자리에서 당당히 태극기를 꺼내 흔들며 '대한 독립 만세'라고 외쳤어요. 그리고 일본 경찰에 끌려가 목숨을 잃었어요.

　3개월 뒤인 1932년 4월 29일, 상하이 훙커우 공원에서는 일본 왕의 생일을 축하하는 기념식이 열렸어요. 윤봉길은 준비해 간 물병 폭탄을 던졌어요. 많은 일본군 장교와 관리가 죽거나 다쳤지요. 윤봉길은 곧바로 도시락 폭탄을 터뜨려 스스로 목숨을 끊으려고 했어요. 하지만 몰려온 일본 군인들에게 체포되어 사형을 당했어요.

　이봉창과 윤봉길의 의거*는 많은 사람들에게 용기를 주었어요. 특히 일본의 침략에 시달리는 중국 정부는 '100만 대군도 해내지 못한 일을 조선 청년이 해냈다.'라고 감탄하며 독립운동을 적극 지원해 주기로 약속했어요.

독립운동가 윤봉길

1931년	1932년 1월	1932년 4월
김구가 한인 애국단을 만듦.	이봉창 의거	윤봉길 의거

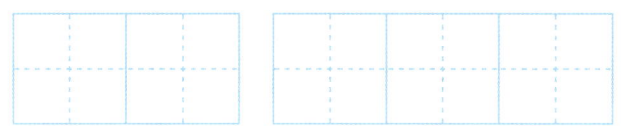

읽은 것 확인하기

1 김구가 지위가 높은 일본 관리를 암살하기 위해 만든 단체의 이름을 쓰세요.

2 빈칸에 들어갈 한인 애국단 단원의 이름을 〈보기〉에서 찾아 번호를 쓰세요.

보기　　① 이봉창　　② 윤봉길

- (　　　　　)은 일본 도쿄에서 일본 왕이 탄 마차에 폭탄을 던졌어요.
- (　　　　　)은 상하이 훙커우 공원에서 물병 폭탄을 던졌어요.

3 한인 애국단이 한 일에 대한 설명으로 맞으면 ○, 틀리면 × 하세요.

(1) 독립운동의 뜻을 품은 젊은이들이 활동했다. 　　　　　　　(　　　　)
(2) 한인 애국단이 한 의거들은 모두 성공했다. 　　　　　　　(　　　　)
(3) 이봉창은 일본 왕에게 폭탄을 던져 성공시켰다. 　　　　　　(　　　　)
(4) 윤봉길이 던진 폭탄에 많은 일본군 장교와 관리가 죽거나 다쳤다. (　　　　)

4 이봉창과 윤봉길 의거가 어떤 영향을 주었는지 알맞은 것에 ○ 하세요.

중국 정부에서 독립운동을
적극 지원해 주기로 약속했어요.　　　　일본 사람들이
스스로 반성하게 했어요.

🏳 역사용어

암살 몰래 사람을 죽이는 일.
의거 정의를 위해 개인 혹은 여러 사람이 일을 계획하고 행동으로 옮기는 것.

우리 민족의 정신을 없애려 한 민족 말살 정책

일제는 1937년에 중일 전쟁*을 일으키며 아시아 나라들을 침략했어요. 그러면서 우리 민족에게는 '민족 말살* 정책'을 실시했어요.

일제는 '일본과 조선은 하나'라며 일본 왕에게 충성을 다짐하는 글을 우리 민족에게 외우게 했어요. 또 전국 곳곳에 신사*를 짓고, 강제로 절을 하게 했지요. 학교에서는 모든 수업을 일본어로 하고, 학생들은 우리말과 글을 사용하지 못하게 했어요. 학생끼리 우리말을 사용하는지 서로 감시하게 했고, 우리말을 사용하면 벌을 받았어요.

1940년에는 '창씨 개명'을 하게 했어요. 창씨 개명은 성과 이름을 일본식으로 바꾸도록 한 것인데 창씨 개명을 하지 않으면 회사에 들어갈 수도, 학교에 입학할 수도 없었어요.

일제의 이러한 민족 말살 정책은 우리 민족의 정신을 없애 저항하지 못하게 하고, 일본이 벌인 전쟁에 우리 민족을 동원하려는 목적이었어요.

창씨 개명을 위해 강제로 끌려 나온 사람들

1937년	1938년	1940년
중일 전쟁	일제가 한글 교육을 금지함.	창씨 개명

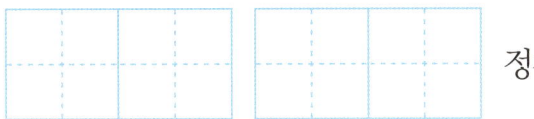
1 일제가 우리 민족의 정신을 없애기 위해 실시한 정책을 쓰세요.

정책

2 일제가 실시한 민족 말살 정책이 <u>아닌</u> 것을 고르세요.

① 일본 왕에게 충성을 다짐하는 글을 외우게 했어요.
② 모든 수업을 일본어로 하고, 우리말과 글을 사용하지 못하게 했어요.
③ 전국에 신사를 짓고, 강제로 절을 하게 했어요.
④ 우리나라 역사를 가르치고, 독립 의식을 갖도록 했어요.

3 일제가 우리나라 사람들의 성과 이름을 일본식으로 바꾸도록 한 정책을 쓰세요.

4 일제가 민족 말살 정책을 실시한 이유로 알맞은 것에 ○ 하세요.

일본 문화를
잘 전달하기 위해

우리 민족이
저항하지 못하게 하려고

 역사 용어

중일 전쟁 1937년 7월부터 일본의 침략으로 벌어진 일본과 중국의 전쟁.
말살 사물이나 정신을 아주 뭉개어 없애 버림.
신사 일본의 왕실 조상이나 국가에 공이 큰 사람, 일본 고유의 신을 모신 사당.

전쟁을 위해 모든 것을 빼앗아 간 일본

일제가 중국 대륙을 침략해 일으킨 중일 전쟁은 아시아와 태평양 곳곳으로 확대되었어요. 그러자 일제는 우리나라에서 전쟁에 필요한 사람을 끌고 가고, 물자도 강제로 빼앗아 갔어요.

일제는 우리나라의 어린 학생들과 청년들을 전쟁터로 끌고 갔어요. 이뿐만 아니라 많은 사람을 광산이나 공장으로 강제로 끌고 가 고된 일을 시켰어요.

젊은 여성들도 강제로 전쟁터에 끌려갔어요. 끌려간 여성들은 '위안부'라는 이름으로 일본군에게 말할 수 없는 큰 고통을 당했어요.

전쟁터나 광산, 공장으로 끌려 가지 않더라도 대부분의 백성들도 힘들게 살았어요. 무기를 만들 금속이 더 많이 필요해지자 집에서 쓰는 놋그릇과 숟가락 같은 생활 도구까지 빼앗아 갔어요. 그리고 군인들에게 줄 식량으로 쌀과 보리는 물론이고 감자와 고구마 등도 빼앗아 갔지요.

이러한 일제의 착취는 일본이 전쟁에 질 때까지 계속 이어졌어요.

위안부로 전쟁터에 끌려 간 여성들

1941년	1943년	1944년
일본이 태평양 전쟁을 일으킴.	조선의 학생들이 전쟁터로 끌려감.	조선 여성들이 강제로 전쟁터로 끌려감.

읽은 것 확인하기

1 일제가 중일 전쟁을 일으킨 이후에 무슨 일을 했는지 빈칸에 알맞은 말을 쓰세요.

> 일제는 우리나라에서 전쟁에 필요한 ＿＿＿＿＿＿＿＿＿＿을 끌고 가고,
>
> ＿＿＿＿＿＿＿＿＿＿도 강제로 빼앗아 갔어요.

2 일제가 전쟁을 일으킨 후에 우리나라에서 한 일이 <u>아닌</u> 것을 고르세요.

① 많은 사람을 광산이나 공장으로 강제로 끌고 가 고된 일을 시켰어요.
② 지하자원을 캐내 부족한 생활 도구를 만들게 했어요.
③ 군인들에게 줄 식량으로 감자와 고구마 등도 빼앗아 갔어요.
④ 어린 학생들과 청년들을 전쟁터로 끌고 갔어요.

3 글을 읽으면서 알맞은 말에 ○ 하세요.

> 일제는 많은 사람을 (광산이나 공장 / 학교나 신사)으로 강제로 끌고 가
> 고된 일을 시켰어요.

4 글을 읽으면서 빈칸에 알맞은 말을 쓰세요.

> 전쟁터로 끌려간 젊은 여성들은 ＿＿＿＿＿＿라는 이름으로
>
> 일본군에게 말할 수 없는 큰 고통을 당했어요.

🖊 **역사 용어**

착취 힘을 이용하여 강제로 빼앗음.

한글을 지키고 발전시킨 조선어 학회

일제가 학교에서 일본어를 가르치자 한글 학자들이 나섰어요.

"우리 민족을 위해서 한글을 지키고 발전시켜야 합니다."

이윤재, 최현배 등이 중심이 되어 '조선어 연구회'를 만들었어요. 조선어 연구회는 한글을 연구하고, 전국을 다니며 한글을 가르쳤어요. 그리고 1926년 음력 9월 29일을 '가갸날'로 정해 한글의 우수성을 알렸어요. 이 가갸날이 이어져 바로 '한글날'이 되었어요.

그 뒤 '조선어 연구회'는 '조선어 학회'로 이름을 바꾸고 맞춤법과 표준어를 통일하고 국어사전을 펴내는 일에 몰두했어요. 일제는 이런 일을 하는 조선어 학회를 가만두지 않았어요. 1942년, 일제는 조선어 학회 회원들을 잡아가 심한 고문을 하고, 국어사전의 원고를 빼앗았어요.

광복*이 된 후에야 대부분의 학자들이 풀려났고, 빼앗겼던 원고도 되찾을 수 있었어요. 그 뒤 '한글 학회'가 조선어 학회의 뜻을 이어 우리나라 최초의 국어 대사전인 《큰사전》을 만들었어요.

조선어 학회 회원들

1921년	1933년	1938년	1942년
조선어 연구회가 세워짐.	조선어 학회가 한글 맞춤법 통일안을 발표함.	일제가 한글 교육을 금지함.	조선어 학회 사건이 일어남.

읽은 것 확인하기

1   조선어 연구회를 만든 학자를 모두 찾아 ◯ 하세요.

> 이윤재   윤동주   최현배   윤봉길   유관순

2   조선어 연구회가 한 일을 모두 고르세요.

① 한글을 연구했어요.
② 일본어를 가르치는 학교를 공격했어요.
③ 전국을 다니며 한글을 가르쳤어요.
④ '가갸날'을 정해 한글의 우수성을 알렸어요.

3   빈칸에 들어갈 말을 〈보기〉에서 찾아 쓰세요.

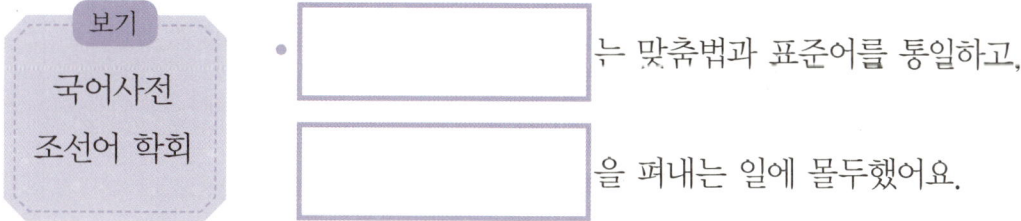

보기

국어사전
조선어 학회

• ⬚⬚⬚⬚⬚⬚⬚⬚ 는 맞춤법과 표준어를 통일하고,

⬚⬚⬚⬚⬚⬚⬚⬚ 을 펴내는 일에 몰두했어요.

4   일제가 조선어 학회를 어떻게 탄압했는지 맞는 것을 모두 고르세요.

① 조선어 학회 회원들을 잡아가 심한 고문을 했어요.
② 일본어를 가르치는 학교에서 한글을 가르치도록 했어요.
③ 국어사전의 원고를 빼앗았어요.
④ 가갸날을 널리 알리고 국경일로 정했어요.

🏷 역사 용어

광복 빼앗긴 나라의 주권을 되찾음.

별을 노래한 시인, 윤동주

윤동주는 두만강 건너 간도* 지방에서 태어났어요. 간도는 일제에게 땅을 빼앗긴 농민이나 독립운동가가 많이 옮겨 와 살던 곳이었어요. 일제의 간섭이 적었던 이곳에서 윤동주는 우리말을 배우고 공부하며 시를 즐겨 썼어요.

그 뒤 윤동주는 평양 숭실 중학교를 거쳐 연희 전문학교*를 다녔어요. 그러면서 나라를 빼앗긴 우리 민족의 고통스러운 현실을 마주하게 되었어요. 윤동주는 안타깝고 슬픈 마음을 담아 〈서시〉, 〈자화상〉, 〈별 헤는 밤〉 등의 시를 썼어요. 시를 쓰며 희망을 잃지 않고, 부끄럼 없이 살기를 다짐했어요.

학교를 졸업한 뒤 일본으로 유학을 떠난 윤동주는 어느 날 일본 경찰에게 끌려갔어요. 우리말로 시를 쓰고, 친구와 항일 운동을 하려 했다는 이유였지요. 감옥에 갇힌 윤동주는 29세의 젊은 나이에 숨을 거두고 말았어요.

그가 남긴 시에는 독립에 대한 의지와 희망이 담겨 있어요.

윤동주

1938년	1943년	1945년
윤동주가 연희 전문학교에 들어감.	윤동주가 경찰에 체포됨.	윤동주가 감옥에서 세상을 떠남.

읽은 것 확인하기

1 윤동주가 쓴 시의 제목을 두 가지만 쓰세요.

> _____ , _____

2 글을 읽으면서 알맞은 말에 ○ 하세요.

> 윤동주는 시를 쓰며 (희망 / 욕심)을 잃지 않고,
>
> (게으름 / 부끄럼) 없이 살기를 다짐했어요.

3 일본 경찰이 윤동주를 끌고 간 이유로 알맞은 것에 ○ 하세요.

> 일본으로 유학을 와서
> 공부를 게을리했기 때문에

> 우리말로 시를 쓰고, 친구와
> 항일 운동을 하려 했기 때문에

4 윤동주에 대한 설명으로 맞으면 ○, 틀리면 × 하세요.

(1) 간도 지방에서 태어났다. (　)
(2) 서양의 문물을 주제로 시를 썼다. (　)
(3) 일본으로 유학을 떠났다. (　)
(4) 일본 경찰에게 잡혀 감옥에서 29세의 나이로 숨을 거두었다. (　)

역사 용어

> **간도** 두만강 너머에 있는 북쪽 지역으로, 독립운동가들이 많이 살던 곳.
> **연희 전문학교** 오늘날의 연세 대학교.

8·15 광복을 맞이한 우리나라

"일본 제국은 연합국*에 무조건 항복한다."

일본 왕의 항복 발표로 1945년 8월 15일, 우리나라는 광복을 맞이했어요. 감옥에 갇혀 있던 독립운동가들이 풀려나고, 일본에 강제로 끌려갔던 사람들이 돌아왔어요. 학교에서는 우리말과 우리의 역사를 배울 수 있게 되었어요.

여운형*을 비롯한 사람들은 '조선 건국 준비 위원회'를 만들고, 나라를 새롭게 세우는 일을 차근차근 준비했어요.

그런데 일본군은 곧바로 우리 땅에서 물러나지 않았어요. 연합국이었던 미국과 소련은 일본군을 몰아내기 위해 북위 38도를 기준으로 남쪽과 북쪽으로 나누어 각각 군대를 보냈어요. 그리고 미국은 남한을, 소련은 북한을 다스렸어요. 남한에 들어온 미군은 미군정청*을 만들어 남한을 다스렸지요.

이 일은 우리나라가 둘로 나뉘게 된 계기가 되었어요.

광복을 맞아 기뻐하는 사람들

1945년 8월	1945년 9월	1948년
8·15 광복	미군정청을 세움.	5·10 총선거를 실시함.

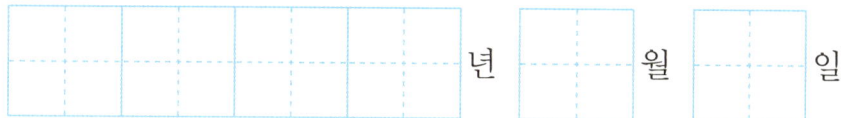
1 우리나라가 광복을 맞이한 연도와 날짜를 쓰세요.

| | | | | | 년 | | 월 | | 일 |

2 광복을 맞이한 뒤 우리나라에서 일어난 일이 <u>아닌</u> 것을 고르세요.

① 일본군이 곧바로 우리나라에서 물러났어요.
② 감옥에 갇혀 있던 독립운동가들이 풀려났어요.
③ 일본으로 강제로 끌려갔던 사람들이 돌아왔어요.
④ 학교에서는 우리말과 우리 역사를 배울 수 있게 되었어요.

3 글을 읽으면서 알맞은 말에 ○ 하세요.

여운형을 비롯한 사람들이 (조선 건국 준비 위원회 / 미군정청)를/을 만들고, 나라를 새롭게 세우는 일을 차근차근 준비했어요.

4 우리나라가 둘로 나뉘게 된 계기가 무엇인지 빈칸에 알맞은 말을 쓰세요.

연합국이었던 _____과 _____이 북위 38도를
기준으로 남쪽과 북쪽으로 나누어 각각 군대를 보냈기 때문이에요.

역사 용어

연합국 제2차 세계 대전 때에 일본, 독일, 이탈리아에 대항한 영국, 프랑스, 중국, 미국, 소련 등의 나라를 가리킴.
여운형 독립운동가로, 광복 후에는 통일 정부를 세우기 위해 노력함.
미군정청 남쪽에 들어온 미국 군대가 만든 정부 기구.

대한민국 정부가 세워졌어요

미국과 소련은 우리나라에 임시 정부를 세워서 신탁 통치를 하려고 했어요. 그러자 신탁 통치를 찬성하는 쪽과 반대하는 쪽으로 갈라져 서로 다투었어요. 이때 이승만은 통일 정부를 세우는 것이 어렵다면 남한만이라도 단독 정부를 세워야 한다고 주장했어요.

이 문제는 국제 연합*으로 넘어갔어요. 국제 연합에서는 남북한이 동시에 총선거*를 실시해 정부를 세울 국회 의원을 뽑으라고 결정했어요. 하지만 소련과 북한이 거부하여 북한에서는 선거를 치를 수 없게 되었지요. 결국 남한에서만 총선거를 치르게 되었어요.

드디어 1948년 5월 10일, 남한에서 제헌 국회* 의원을 뽑는 총선거가 실시되었어요. 국민들은 처음으로 투표를 통해 국회 의원을 뽑았어요. 이렇게 뽑힌 국회 의원들은 헌법을 만들고, 나라 이름을 '대한민국'이라고 정했어요. 대통령은 이승만을 뽑았어요. 그리고 1948년 8월 15일, 대한민국 정부가 세워졌음을 나라 안팎에 알렸어요.

한편 북한에서는 1948년 9월 9일 김일성을 수상으로, '조선 민주주의 인민 공화국'을 세웠어요.

대한민국 정부 수립 축하식

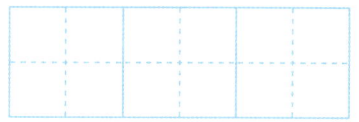

읽은 것 확인하기

읽은 날짜 :   월   일

1 남한에서만이라도 단독 정부를 세워야 한다고 주장한 사람의 이름을 쓰세요.

2 일이 일어난 차례대로 번호를 쓰세요.

소련과 북한의 거부로 북한에서는 선거를 치를 수 없게 되었다.	국제 연합에서 남북한이 동시에 총선거를 실시하도록 결정했다.	신탁 통치를 찬성하는 쪽과 반대하는 쪽으로 갈라져 다투었다.	남한에서만 총선거를 치렀다.

3 글을 읽으면서 알맞은 말에 ○ 하세요.

> 1948년 5월 10일, (북한 / 남한)에서 (제헌 국회 의원 / 수상)을 뽑는 총선거가 실시되었어요.

4 제헌 국회가 한 일에 맞게 빈칸에 들어갈 말을 〈보기〉에서 찾아 쓰세요.

보기
대한민국 헌법

- 제헌 국회 의원들은 [   ]을 만들고,

  나라 이름을 [   ]이라고 정했어요.

역사 용어

신탁 통치 스스로 나라를 이끌 능력이 없는 정부를 대신해 일정 기간 동안 다른 나라가 다스리는 것.
국제 연합 국제 평화와 인류의 복지를 향상시키기 위해 설립된 국제 기구.
총선거 국회 의원 전부를 한꺼번에 뽑는 선거.
제헌 국회 우리나라의 헌법을 만드는 일을 한 첫 번째 국회.

통일 정부를 세우려고 한 김구

　대한민국 임시 정부를 이끌며 독립운동에 앞장섰던 김구는 광복이 되자마자 그리던 조국으로 돌아왔어요. 하지만 미군과 소련군이 각각 남한과 북한에 나누어 들어와 있었어요. 김구는 우리 스스로 통일 정부를 세우는 것이 가장 급한 일이라고 생각해 여러 사람을 만나 그 뜻을 전했어요. 그러나 통일 정부 세우는 일은 점점 어려워졌어요.

　결국 국제 연합에서는 남한에서만 총선거를 실시하기로 결정했어요. 한반도가 반으로 쪼개질 위기의 순간이었어요. 남과 북이 하나가 된 통일 정부를 세우려 했던 김구는 분단*을 막기 위해 북한에 가기로 결심했어요.

　김구는 북한 지도자를 만나 함께 통일 정부를 세우자며 설득하고 남한으로 돌아왔어요. 하지만 5일 뒤에 남한에서 총선거가 실시되었고, 석 달 뒤에는 대한민국 정부가 세워졌지요. 통일 정부를 세우려고 했던 그의 바람은 무너져 버리고 말았어요.

　그 뒤 김구는 괴한의 총에 맞아 목숨을 잃고 말았어요.

김구

1945년	1948년 5월	1948년 8월	1949년
8·15 광복	5·10 총선거가 실시됨.	대한민국 정부가 수립됨.	김구가 총에 맞아 목숨을 잃음.

🌸 읽은 것 확인하기

1 김구가 돌아왔을 때 우리나라의 상황으로 맞는 것을 고르세요.

　　① 남한에 단독 정부가 세워져 우리나라를 이끌고 있었어요.
　　② 일본군이 모두 물러나고 통일 정부가 세워져 있었어요.
　　③ 미군과 소련군이 각각 남한과 북한에 나누어 들어와 있었어요.

2 김구의 생각에 맞게 빈칸에 알맞은 말을 쓰세요.

　　김구는 우리 스스로 ＿＿＿＿＿＿＿＿＿ 정부를 세워야 한다고 생각했어요.

3 글을 읽으면서 빈칸에 들어갈 말을 〈보기〉에서 찾아 쓰세요.

　　보기　　통일　　　　분단　　　　소련　　　　북한

　• 김구는 [　　　　　]을 막기 위해 [　　　　　]에 가기로 결심했어요.

4 김구가 한 일로 맞으면 ○, 틀리면 × 하세요.

　　⑴ 대한민국 임시 정부를 이끌며 독립운동에 앞장섰다.　　　（　　　）
　　⑵ 남한에서만 총선거를 실시할 것을 주장했다.　　　　　　（　　　）
　　⑶ 미국과 함께 대한민국 정부를 세우려고 했다.　　　　　　（　　　）
　　⑷ 북한 지도자를 만나 함께 통일 정부를 세우자며 설득했다.　（　　　）

📕 역사 용어

　分단 동강이 나서 끊어짐.

같은 민족끼리 총을 겨눈 6·25 전쟁

"쾅! 쾅!"

1950년 6월 25일 새벽, 북한이 38도선을 넘어 남한에 쳐들어왔어요. 힘으로 한반도를 통일하기 위해 북한이 전쟁을 일으킨 것이지요.

전쟁이 일어날 것을 생각하지 못했던 남한은 3일 만에 서울을 빼앗기고, 낙동강 아래까지 밀려 내려갔어요.

전쟁이 나자 국제 연합에서는 여러 나라의 군인들로 이루어진 유엔군을 보내 남한을 돕기로 결정했어요. 1950년 9월 15일, 국군과 유엔군은 인천 상륙 작전*을 펼쳐 서울을 되찾는 데 성공했어요. 그리고 달아나는 북한군을 쫓아 압록강까지 올라갔어요.

그런데 어마어마한 수의 중국군이 북한군을 돕기 위해 왔어요. 끝날 것 같은 전쟁은 다시 시작되었어요. 북한군이 또다시 서울을 차지했고, 국군과 유엔군도 물러나지 않고 다시 공격해 서울을 되찾았어요. 이렇게 밀고 밀리는 치열한 싸움이 계속되었어요.

결국 유엔은 전쟁을 멈출 것을 제안했고, 휴전을 위한 회담이 시작되었어요. 마침내 1953년 7월 27일, 판문점*에서 휴전 협정*을 맺고 전쟁을 멈추었어요.

6 · 25 전쟁으로 피란 가는 사람들

1950년 6월	1950년 9월	1953년 7월
6 · 25 전쟁이 일어남.	인천 상륙 작전	휴전 협정이 체결됨.

1 6·25 전쟁이 언제 일어났는지 연도와 날짜를 쓰세요.

| | | | | 년 | | 월 | | 일 |

2 1950년 9월 15일, 국군과 유엔군이 서울을 되찾는 데 성공한 작전을 쓰세요.

| | | | | | 작전 |

3 6·25 전쟁이 일어난 과정을 차례에 맞게 번호를 쓰세요.

중국군이 북한군을
돕기 위해 왔다.

남한이 서울을 빼앗
기고 낙동강 아래까
지 밀려 내려갔다.

국군과 유엔군이
인천 상륙 작전으로
서울을 되찾았다.

북한이 38도선을
넘어 남한에
쳐들어왔다.

휴전 협정을 맺고
전쟁을 끝냈다.

4 빈칸에 들어갈 말을 〈보기〉에서 찾아 번호를 쓰세요.

보기 ① 서울 ② 판문점 ③ 휴전 협정

• 1953년 7월 27일, (　　　　　)에서 (　　　　　)을 맺고 전쟁을 멈추었어요.

📎 역사 용어

인천 상륙 작전 맥아더 장군이 이끄는 유엔군이 바다에서 인천으로 올라와 서울을 되찾은 작전.
판문점 6·25 전쟁 때 유엔군과 북한군의 휴전을 논의하던 곳.
휴전 협정 전쟁을 잠시 멈추기로 합의함. 당시 유엔군, 북한군, 중국군 사령관이 각각 서명함.

민주주의를 지켜 낸 4·19 혁명

1960년 3월 15일, 대통령과 부통령을 뽑는 선거가 열렸어요. 이 선거에서 이승만과 이기붕이 대통령과 부통령으로 당선되었어요. 그런데 투표함에 두 사람을 찍은 표를 미리 넣어 두거나, 투표함을 바꾸는 등 옳지 못한 방법으로 선거에서 이긴 것이었어요.

이 사실에 분노한 마산 시민과 학생들은 3·15 부정 선거에 항의하는 시위를 벌였어요. 그런데 한 달쯤 뒤에 이 시위에 참여했던 고등학생이 죽은 채 발견되었어요. 국민들의 분노는 걷잡을 수 없이 커졌어요.

"이승만은 물러나라! 선거를 다시 실시하라!"

4월 19일, 전국 곳곳에서 시위가 벌어졌어요. 군인과 경찰은 총을 쏘아 대며 시위대를 막으려 했어요. 수많은 사람이 피를 흘리며 쓰러졌어요. 하지만 시위는 점점 더 거세졌어요.

결국 4월 26일, 이승만은 스스로 대통령 자리에서 물러났어요. 이 일이 '4·19 혁명'이에요. 4·19 혁명은 독재* 정권에 맞서 시민 스스로의 힘으로 민주주의를 지켜 낸 항쟁이었어요.

1960년 3월	1960년 4월	1960년 4월
3·15 부정 선거	4·19 혁명	이승만이 대통령직에서 물러남.

🌸 읽은 것 확인하기

1 4·19 혁명이 일어나게 된 배경이 된 사건에 맞게 빈칸에 들어갈 말을 〈보기〉에서 찾아 번호를 쓰세요.

> **보기**   ① 대통령   ② 국회 의원   ③ 김구   ④ 이승만

● 1960년 3월 15일, (   )과 부통령을 뽑는 선거에서 옳지 못한 방법으로 (   )과 이기붕이 당선되자 사람들이 시위를 벌였어요.

2 4·19 혁명 때 시위대가 외친 말에 맞게 빈칸에 알맞은 말을 쓰세요.

> "[   ]은 물러나라! [   ]를 다시 실시하라!"

3 4·19 혁명의 결과에 맞게 글을 읽으면서 알맞은 말에 ○ 하세요.

> 이승만은 스스로 대통령 자리에서 (물러났어요 / 물러나지 않았어요).

4 4·19 혁명에 대한 설명으로 맞는 것을 모두 고르세요.

① 3월 15일에 치러진 선거에 분노한 시민과 학생이 시위를 벌였어요.
② 군인과 경찰이 시위대에 총을 쏘아 많은 사람이 목숨을 잃었어요.
③ 4·19 혁명은 마산에서만 일어났어요.
④ 4·19 혁명은 시민의 힘으로 민주주의를 지켜 낸 항쟁이에요.

✏️ 역사 용어

독재 특정한 개인이나 단체가 모든 권력을 차지하고 모든 일을 마음대로 처리하는 것.

놀라운 경제 발전을 이룬 대한민국

　우리나라는 6·25 전쟁으로 대부분의 시설이 파괴되어 경제가 크게 어려웠어요.

　이에 정부는 1962년부터 경제를 발전시키기 위해 '경제 개발 5개년 계획'을 실시했어요. 이것은 5년 단위로 경제 계획을 세우고 실천하는 정책이에요. 1981년까지 4차례에 걸쳐 실시했어요.

　1970년에는 경부 고속 도로를 개통했어요. 또 울산 공업 단지, 포항 제철소* 등 나라의 중요한 시설을 만들었어요.

　농촌에서는 '새마을 운동'을 벌였어요. 새마을 운동은 '잘살아 보세!'라는 구호를 내걸고, 생활을 편리하게 만들기 위한 농촌 발전 운동이에요. 초가 지붕을 바꾸고, 전기가 들어오게 하고, 하수도 시설도 갖추었어요. 그 덕분에 농촌의 생활이 나아지고, 소득도 높아졌어요.

　전쟁의 상처를 딛고 놀라운 경제 성장을 이룬 우리나라의 모습을 보고 외국에서는 '한강의 기적'이라고 이야기했어요.

　그 뒤에도 꾸준히 반도체, 자동차, 전자 등 첨단 기술 제품을 수출하며 2015년에는 대한민국의 무역 규모가 세계 10위권 안에 들었어요.

포항 제철소의 모습

1962년	1970년	1977년
제1차 경제 개발 5개년 개발 계획을 실시함.	새마을 운동을 시작함.	제4차 경제 개발 5개년 개발 계획을 실시함.

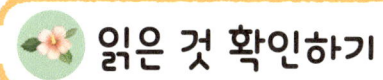
1 글을 읽으면서 알맞은 말에 ○ 하세요.

> 우리나라는 경제를 발전시키기 위해 1962년부터
> (농촌 발전 5개년 계획 / 경제 개발 5개년 계획)을 실시했어요.

2 경제 개발 5개년 계획에 대한 설명으로 옳지 <u>않은</u> 것을 고르세요.

① 1962년부터 실시한 경제 정책이에요.
② 5년 단위로 경제 계획을 세우고 실천하는 정책이에요.
③ 1981년까지 4차례에 걸쳐 실시했어요.
④ 우리나라 경제를 발전시키지 못했어요.

3 농촌에서 '잘살아 보세!'라는 구호를 내걸고 벌인 농촌 발전 운동을 쓰세요.

4 글을 읽으면서 빈칸에 들어갈 말을 〈보기〉에서 찾아 쓰세요.

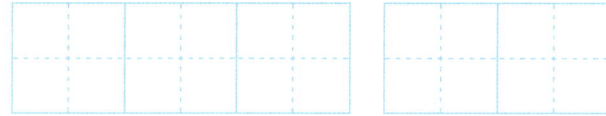

보기   서울의 우승   한강의 기적   남산의 꿈

• 전쟁의 상처를 딛고 놀라운 경제 성장을 이룬 우리나라의 모습을 보고

외국에서는 [   ] 이라고 이야기했어요.

🖊 역사 용어

울산 공업 단지 1962년부터 세워지기 시작했으며 정유 공장, 조선소, 자동차 공장 등이 들어섰음.
포항 제철소 1970년에 공사를 시작했으며, 철광석에서 철을 뽑아내 철재를 만드는 곳.

평화 통일을 위한 노력

 6·25 전쟁 이후 남한과 북한은 서로 대립하며 대화를 거의 하지 않았어요. 그러다 1970년대 남북 적십자 회담*을 하면서 조금씩 남북한이 교류하기 시작했어요.

 1985년에 처음으로 남북한 이산가족*의 만남이 이루어졌어요. 1990년부터는 여러 차례 남북한의 높은 지위의 사람들이 모여 회담을 하였고, 1991년에는 남북한이 국제 연합에 동시에 가입했어요.

 2000년에 들어서 남한은 화해 정책을 추진하여 제1차 남북 정상회담*이 이루어졌어요. 남북한 정상은 서로 화해하고 협력하기로 약속했지요.

 남한은 북한의 어려운 경제에 도움을 주었어요. 개성 공단을 만들어 상품을 생산하기도 하고, 끊어진 경의선과 동해선 철도도 연결했어요.

 하지만 남북한의 평화를 위협하고, 통일을 가로막는 일들이 일어나기도 했어요. 그렇지만 남한과 북한은 평화 통일을 이루기 위해 서로의 차이를 좁혀 나가는 노력을 계속하고 있어요.

남북을 잇는 경의선 철도

🌺 읽은 것 확인하기

1 글을 읽으면서 알맞은 말에 ○ 하세요.

1985년에 처음으로 남북한 (학생 / 이산가족)의 만남이 이루어졌어요.

2 2000년, 남북한의 정상이 만난 것을 무엇이라고 하는지 쓰세요.

회담

3 남한 정부에서 통일을 위해 한 일을 모두 고르세요.

① 백두산 관광을 갈 수 있도록 했어요.
② 개성 공단을 만들어 상품을 생산했어요.
③ 국제 연합에 북한이 가입하는 것을 반내했어요.
④ 끊어진 경의선과 동해선 철도를 연결했어요.

4 평화 통일을 이루기 위해 남북한이 해야 할 일로 알맞은 것에 ○ 하세요.

> 남북한이 서로 경쟁하며
> 무기를 개발해요.

> 남북한이 서로의 차이를
> 좁혀 나가는 노력을 해요.

🚩 역사 용어

남북 적십자 회담 1971년에 이산가족의 만남을 위해 구호 단체인 남북 적십자사가 개최한 회담.
이산가족 남북이 둘로 나뉘면서 이리저리 흩어져서 서로 소식을 모르는 가족.
남북 정상 회담 남한의 대통령과 북한의 최고 지도자가 만나 남북한 문제를 논의함.
개성 공단 북쪽 개성에 만든 공업 단지로, 남한은 자본과 기술을 북한은 토지와 인력을 제공함.

세계 속의 대한민국

우리나라는 1992년 우리별 1호 발사를 시작으로 무궁화 위성, 아리랑 위성 등 인공위성을 발사해 높은 과학 기술을 보여 주었어요. 휴대 전화와 인터넷 등 정보 통신 기술은 세계 최고로 여겨져요.

우리나라 드라마와 케이 팝은 세계적으로 '한류'를 불러일으켜 중국, 일본, 동남아시아는 물론이고 유럽, 미국 등에서도 크게 유행하고 있어요.

스포츠에서는 1988년 서울 올림픽 대회, 2002년 한일 월드컵 축구 대회, 2018년 평창 동계 올림픽 대회 등 세계적인 대회를 개최하여 대한민국의 위상*을 높였어요.

또 우리나라는 세계 곳곳에서 나눔과 봉사를 실천하고 있어요. 한국 국제 협력단은 개발 도상국*에 우리의 경험과 기술 등을 전해 주고, 대한민국 국군은 국제 연합 평화 유지군*이 되어 평화를 지키기 위한 다양한 활동을 하고 있어요.

이처럼 대한민국은 세계 평화와 발전을 위해 노력하고 있어요.

한류를 불러일으킨 케이 팝 공연 모습

2018년 평창 동계 올림픽 대회

1988년	1992년	1993년	2002년	2018년
서울 올림픽 대회	우리별 1호를 발사함.	국제 연합 평화 유지군을 소말리아에 파견함.	한일 월드컵 축구 대회	평창 동계 올림픽 대회

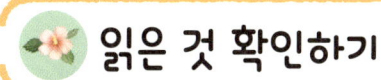
1 우리나라가 발사한 인공위성을 모두 찾아 ○ 하세요.

> 우리별 1호   무궁화 위성   평화 위성   아리랑 위성

2 무엇에 대한 설명인지 알맞은 것을 찾아 따라 쓰세요.

> 우리나라의 드라마와 케이 팝이 세계적으로 유행하고 있는
> 현상을 부르는 말이에요.

한 류

3 우리나라에서 개최한 스포츠 대회가 <u>아닌</u> 것을 고르세요.

① 1988년 서울 올림픽 대회   ② 2002년 한일 월드컵 축구 대회
③ 2011년 세계 수영 선수권 대회   ④ 2018년 평창 동계 올림픽 대회

4 글을 읽으면서 알맞은 말에 ○ 하세요.

> 대한민국 국군은 국제 연합 (평화 유지군 / 국제 협력단)이 되어
> 평화를 지키기 위한 다양한 활동을 하고 있어요.

역사 용어

> **위상** 다른 나라와의 관계에서 갖게 되는 위치.
> **개발 도상국** 경제 개발이 다른 나라보다 뒤처진 나라.
> **국제 연합 평화 유지군** 국제 연합에 속한 각 나라가 보낸 부대로 구성되며, 분쟁 지역으로 가서 평화를 지키는 활동을 함.

해답과 도움말

문제를 풀면 바로 답을 확인해 주시고,
틀린 문제는 한 번 더 풀도록 지도해 주세요.

8~9쪽 대 한 제 국 《독립신문》과 독립 협회

1 《독립신문》
2 (1) ×, (2) ○
3 서재필은 이상재, 윤치호 등과 함께 **독립 협회**를 만들고,
  자주독립을 상징하는 **독립문**을 세웠어요.
4 ①, ④

> **도움말**
> 《독립신문》은 우리나라 최초의 한글 신문으로, 세 면은 한글판, 나머지 한 면은 영문판으로 되어 있었어요. 우리나라에 와 있는 외국인에게도 우리나라의 사정을 알리기 위해서였어요.

10~11쪽 대 한 제 국 대한 제국을 세웠어요

1 다른 나라의 간섭에서 벗어나기 위해서
2 환구단, 황제
3 **대한 제국**은 황제가 다스리는 **자주독립** 국가이다.
4 ①

> **도움말**
> 일 년 가까이 러시아 공사관에서 지내던 고종이 오늘날의 경운궁으로 돌아왔어요. 그리고 대한 제국을 선포했어요. 우리나라가 러시아, 일본 등 강대국들과 동등한 자주독립 국가임을 강조하기 위해 '제국'이라는 말을 사용했어요.

12~13쪽 대 한 제 국 새로운 문물로 사회가 달라졌어요

1 경복궁 건청궁
2 전화는 1896년에 **덕수궁**에 처음 설치되었어요.
3 ①, ②, ④
4 (순서대로) 경인선, 경부선, 경의선

> **도움말**
> 전차가 다니면서 서울의 모습은 크게 바뀌었어요. 초가집이 사라지고, 일본식 상가 건물들이 도로 주변에 세워졌어요. 사람들은 전차를 타고 빠르고 편리하게 이동할 수 있었어요.

14~15쪽 대 한 제 국 서양식으로 바뀐 생활 모습

1 양복, 중절모
2 여성들은 얼굴을 가리던 **장옷**이나 쓰개치마를 벗고,
  그 대신 **양산**을 쓰고 다녔어요.
3 (1) ○, (2) ×, (3) ○, (4) ○
4 명동 성당, 덕수궁 석조전

> **도움말**
> 고종은 러시아 공사관에 머무를 때 커피를 처음 마신 뒤로 커피를 즐겨 마셨다고 해요. 커피는 '가비차'라고 불렸어요. 그리고 커피 색이 마치 탕약처럼 검고 맛은 써서 몸에 좋다는 소문이 나기도 했다고 해요.

16~17쪽 대 한 제 국 독도를 멋대로 빼앗은 일본

1 독도는 **삼국** 시대 때부터 우리나라 땅이었어요.

2 ③, ②, ①

3 러일 전쟁 중이던 1904년 무렵부터

4 (1) ◯, (2) ✕, (3) ◯, (4) ◯

> **도움말**
>
> 당시 독도는 '독도 강치'라고 불리는 바다사자들의 좋은 서식지였어요. 하지만 가죽을 얻기 위해 일본 어부들이 수천 마리씩 마구 잡아 결국 멸종하고 말았어요.

18~19쪽 대 한 제 국 대한 제국의 외교권을 빼앗은 을사늑약

1 을사늑약

2 권중현, 박제순, 이근택, 이지용, 이완용

3 무효

4 ②, ④

> **도움말**
>
> 을사늑약이 체결되었다는 소식이 알려지자 장지연은 《황성신문》에 '시일야방성대곡'이라는 글을 실어 분노와 울분을 표현했어요. 또 명성 황후의 조카인 민영환은 을사늑약에 반대한다는 유서를 남기고 스스로 목숨을 끊었어요.

20~21쪽 대 한 제 국 들불처럼 번진 항일 의병 운동

1 **최익현**-양반 / **신돌석**-평민

2 갑신정변

3 일본이 강제로 **고종**을 황제의 자리에서 물러나게 하고, 대한 제국의 **군대**를 없애 버렸기 때문이에요.

4 ①

> **도움말**
>
> 양반, 군인, 농민, 상민, 승려, 포수 등 다양한 사람들이 의병이 되었어요. 의병은 일본군 부대와 군사 시설을 공격하는 한편, 친일파를 찾아 처단했어요. 의병 대부분은 1910년 일본에게 나라를 빼앗긴 뒤에는 독립군이 되었어요.

22~23쪽 대 한 제 국 나랏빚을 갚으려는 국채 보상 운동

1 일본이 강제로 돈을 빌리게 했기 때문에

2 **국채 보상** 운동

3 1907년, **대구**에서 처음 국채 보상 운동이 일어났어요.

4 (1) ✕, (2) ◯, (3) ✕, (4) ◯

> **도움말**
>
> 국채 보상 운동을 일으킨 서상돈은 대구에서 지물포와 포목상을 하고 있었어요. 독립 협회의 회원이기도 했던 그는 800만원을 내놓아 모범을 보였어요. 그 뒤 전국적으로 확산되었어요.

24~25쪽 [대][한][제][국] 애국 계몽 운동과 신민회

1 신민회
2 안창호는 평양에 **대성 학교**를 세웠어요.
  이승훈은 정주에 **오산 학교**를 세웠어요.
3 만주, 독립군
4 ①, ③, ④

> **도움말**
> 1910년 초대 총독인 데라우치를 암살하려다 실패한 일이 있었는데, 일본 경찰은 신민회가 뒤에서 조종한 일이라며 105명을 구속했어요. 그리고 윤치호, 양기탁 등 6명에게 징역형을 내렸어요. 이 사건으로 신민회는 해체되고 말았어요.

26~27쪽 [대][한][제][국] 하얼빈에 울린 안중근의 총소리

1 안중근
2 코레아 우라(대한 독립 만세)!
3 이토 히로부미가 우리나라를 침략하는 데 앞장섰기 때문에
4 안중근은 전 세계에 우리 민족의 **독립 의지**를 알렸어요.

> **도움말**
> 안중근은 러시아군에게 체포된 뒤 곧바로 일본군에게 넘겨졌어요. 그 뒤 안중근은 뤼순 감옥으로 옮겨졌고, 일본 재판관에게 조선의 독립과 동양의 평화를 지키기 위해 이토 히로부미를 죽였다고 당당히 말했어요.

28~29쪽 [일][제][강][점][기] 일제 강점기가 시작되었어요

1 일제는 **조선 통감부**를 설치하고, 중요한 일을 결정할 때
  미리 허락을 받도록 했어요.
2 ①, ②, ④
3 이완용
4 ②, ①

> **도움말**
> 일제의 침략에 앞장선 사람들을 처단하려는 움직임이 전개되었어요. 전명운과 장인환은 미국에서 일제의 침략을 지지한 스티븐슨을 저격했어요. 이재명은 나라를 팔아먹은 이완용을 없애기 위해 공격해 부상을 입혔어요.

30~31쪽 [일][제][강][점][기] 일제의 무단 통치

1 조선 총독부
2 조선 총독부는 **헌병 경찰제**를 실시해 사람들을 철저히 감시했어요.
3 제복, 일본어
4 ①, ②

> **도움말**
> 일제는 1910년부터 헌병 경찰들을 두고, 강압적인 무단 통치를 했어요. 이러한 일제의 무단 통치에 대항해 국내외 각지에서 항일 투쟁이 일어났고, 1919년에는 3·1 운동이 일어났어요.

1 **토지 조사** 사업

2 ①, ④

3 **산미 증식** 계획

4 (1) ✕, (2) ◯, (3) ◯, (4) ✕

도움말

1918년 토지 조사 사업을 마친 일제는 그해 바로 임야 조사령을 발표했어요. 우리나라 들과 산의 반 이상이 일본인의 차지가 되었어요.

1 독립 선언서

2 ②, ①

3 대한 독립 만세!

4 (1) ◯, (2) ✕, (3) ✕, (4) ◯

도움말

독립 선언서는 최남선이 초안을 쓰고 민족 대표 33인이 서명했어요. 독립 선언서는 비밀리에 인쇄되어 전국으로 전달되었어요. 2월 28일 손병희 집에 모여 최종적으로 계획을 검토하고, 3월 1일 태화관에서 독립 선언식을 가졌어요.

1 유관순

2 ①, ②

3 ①, ②, ④

4 서대문 형무소

도움말

유관순은 심한 고문을 당했는데도 멈추지 않고, 서대문 형무소 감옥 안에서 만세를 불렀어요. 특히 3·1 운동 1주년이 되던 때인 1920년 3월 1일에는 감옥에 있던 동지들과 함께 대대적인 만세 운동을 벌이기도 했어요.

1 대한민국 임시 정부

2 3·1 운동

3 국민, 민주주의

4 ②, ③, ④

도움말

대한민국 임시 정부는 나라의 모습을 갖추기 위해 헌법뿐 아니라 내무부, 외무부, 군무부, 재무부 등 필요한 부서도 만들었어요. 그리고 초대 대통령으로 이승만, 국무총리로 이동휘를 뽑았어요.

40~41쪽 일 제 강 점 기 독립군 부대의 활약

1 만주, 독립군

2 **봉오동** 전투

3 청산리 일대에서 계속 이어진 전투에서 독립군은 큰 승리를 거두었는데, 이 전투들을 **청산리** 대첩이라고 해요.

4 (1) ◯, (2) ✕, (3) ◯, (4) ◯

(도움말)
홍범도는 포수 출신으로, 정확한 사격 솜씨로 의병 활동을 했어요. 그러다 만주로 건너가 독립군을 이끌며 봉오동 전투에서 크게 승리했어요. 그 뒤 청산리 전투에도 참가하여 활약했고, 1921년에는 러시아에서 고려 혁명 군관 학교를 세웠어요.

42~43쪽 일 제 강 점 기 행동으로 보여 준 한인 애국단

1 한인 애국단

2 ①, ②

3 (1) ◯, (2) ✕, (3) ✕, (4) ◯

4 중국 정부에서 독립운동을 적극 지원해 주기로 약속했어요.

(도움말)
윤봉길 의사의 의거에 대해 중국의 지도자 장제스는 "100만 중국인도 해내지 못한 위대한 일을 한국인 한 사람이 해냈다."라고 칭송했어요. 이 일을 계기로 장제스가 이끄는 중국 국민당은 대한민국 임시 정부를 인정하고 지원하게 되었어요.

44~45쪽 일 제 강 점 기 우리 민족의 정신을 없애려 한 민족 말살 정책

1 **민족 말살** 정책

2 ④

3 창씨 개명

4 우리 민족이 저항하지 못하게 하려고

(도움말)
일제는 일본과 조선은 하나라는 '내선 일체'를 내세우며 신사 참배를 강요했어요. 그리고 황국 신민 서사를 만들어 아침 조례 때 제창하도록 했어요. 대일본 제국의 신민이며 천황에게 충성하겠다고 다짐하는 글이었어요.

일제 강점기 전쟁을 위해 모든 것을 빼앗아 간 일본

1 일제는 우리나라에서 전쟁을 위해 필요한 **사람**을 끌고 가고, **물자**도 강제로 빼앗아 갔어요.

2 ②

3 광산이나 공장

4 전쟁터로 끌려간 젊은 여성들은 **위안부**라는 이름으로 일본군에게 말할 수 없는 큰 고통을 당했어요.

> **도움말**
> 사람들은 일제에게 먹을 식량을 빼앗기지 않기 위해 집 안 곳곳에 식량을 숨겼어요. 그러다 숨겨 놓은 식량이 들키거나 내놓지 않을 때에는 경찰서로 끌려가 모진 고문을 당했어요.

일제 강점기 한글을 지키고 발전시킨 조선어 학회

1 이윤재, 최현배

2 ①, ③, ④

3 **조선어 학회**는 맞춤법과 표준어를 통일하고, **국어사전**을 펴내는 일에 몰두했어요.

4 ①, ③

> **도움말**
> 일제는 조선어 학회를 탄압하기 위해 한 여학생의 일기에 나온 글을 구실로, 조선어 학회가 독립운동을 한다며 한글 학자들을 잡아갔어요. 이윤재와 한징은 감옥에서 세상을 떠났고, 광복 후 다른 학자들은 풀려났어요.

일제 강점기 별을 노래한 시인, 윤동주

1 〈서시〉, 〈자화상〉, 〈별 헤는 밤〉 중 2개

2 희망, 부끄럼

3 우리말로 시를 쓰고, 친구와 항일 운동을 하려 했기 때문에

4 (1) ○, (2) ✕, (3) ○, (4) ○

> **도움말**
> 윤동주는 일본으로 유학을 갔어요. 우리 민족의 문학을 연구하려면 실력을 키워야 한다고 생각했기 때문이에요. 윤동주는 교토 도시샤 대학에서 영문학을 공부했어요.

현대 8·15 광복을 맞이한 우리나라

1 1945년 8월 15일

2 ①

3 조선 건국 준비 위원회

4 연합국이었던 **미국**과 **소련**이 북위 38도를 기준으로 남쪽과 북쪽으로 나누어 각각 군대를 보냈기 때문이에요.

> **도움말**
> 여운형은 조선 건국 준비 위원회의 위원장을 맡았고, 독립운동가들도 참여했어요. 조선 건국 준비 위원회는 경찰 역할을 맡을 치안대와 군대를 만들었고, 경찰서, 신문사, 공장, 학교 등을 일제로부터 넘겨받아 새로운 나라를 준비했어요.

대한민국 정부가 세워졌어요

1 이승만

2 3, 2, 1, 4

3 남한, 제헌 국회 의원

4 제헌 국회 의원들은 **헌법**을 만들고,
   나라 이름을 **대한민국**이라고 정했어요.

> 도움말
>
> 5 · 10 총선거는 우리나라 역사상 최초로 국민이 국회 의원을 뽑는 선거였어요. 또 처음으로 만 21세 이상의 성인 남녀 모두 투표가 가능했던 민주적인 선거였어요.

56~57쪽  **통일 정부를 세우려고 한 김구**

1 ③

2 김구는 우리 스스로 **통일** 정부를 세워야 한다고 생각했어요.

3 김구는 **분단**을 막기 위해 **북한**에 가기로 결심했어요.

4 (1) ◯, (2) ✕, (3) ✕, (4) ◯

> 도움말
>
> 미국과 소련에 의해 국토가 나뉘었고, 민족 지도자들 사이에서도 만들고자 하는 나라의 모습이 달랐어요. 그러다 보니 통일 정부를 세우는 일이 어려웠어요. 김구는 남북 협상 회의를 열고 통일 정부를 세우자고 설득했지만 성과를 얻지 못했어요.

58~59쪽 현 대 **같은 민족끼리 총을 겨눈 6 · 25 전쟁**

1 1950년 6월 25일

2 **인천 상륙** 작전

3 4, 2, 3, 1, 5

4 ②, ③

> 도움말
>
> 휴전 협상은 2년 넘게 계속되었어요. 휴전 협상 중에도 남과 북은 조금이라도 땅을 더 차지하기 위해 치열하게 전투를 벌였어요. 남한 정부는 휴전 협상을 끝까지 반대했지만, 결국 휴전 협정이 맺어졌어요.

현 대 **민주주의를 지켜 낸 4·19 혁명**

1 ①, ④

2 **이승만**은 물러나라! **선거**를 다시 실시하라!

3 물러났어요

4 ①, ②, ④

> **도움말**
>
> 4·19 혁명은 이승만 정부의 독재 정치가 계속되자 그것에 맞서 시민들이 스스로의 힘으로 민주주의를 지키고자 일어난 항쟁이에요. 4·19 혁명은 어떠한 희생을 치르더라도 민주주의는 반드시 지켜 내야 하는 것을 알게 해 주었어요.

현 대 **놀라운 경제 발전을 이룬 대한민국**

1 경제 개발 5개년 계획

2 ④

3 새마을 운동

4 전쟁의 상처를 딛고 경제 성장을 이룬 우리나라의 모습을 보고 외국에서는 **한강의 기적**이라고 이야기했어요.

> **도움말**
>
> 경제가 급속도로 발전하면서 여러 가지 문제가 생겨났어요. 농촌 인구가 도시로 모여들면서 농촌에서는 일손이 부족해졌어요. 또 도시에서는 주택 문제, 교통 문제 등이 생겨났고, 환경 오염 문제도 심각한 문제가 되고 있어요.

현 대 **평화 통일을 위한 노력**

1 이산가족

2 **남북 정상** 회담

3 ②, ④

4 남북한이 서로의 차이를 좁혀 나가는 노력을 해요.

> **도움말**
>
> 2000년 제1차 남북 정상 회담이 있었어요. 김대중 대통령과 김정일이 만나 통일 문제, 경제 협력, 이산 가족 상봉 등에 대해 논의했어요. 그 뒤 2007년에는 노무현 대통령과 김정일이 제2차 남북 정상 회담을 가졌어요.

현 대 **세계 속의 대한민국**

1 우리별 1호, 무궁화 위성, 아리랑 위성

2 한류

3 ③

4 평화 유지군

> **도움말**
>
> 미래의 대한민국은 모두가 행복하고 안전한 나라, 평화 통일을 이룬 나라, 세계 평화와 발전을 위해 노력하는 나라가 되어야 해요. 그러기 위해서는 모두 함께 노력해야 해요.

찾아보기